Borda tu entrevista y consigue el trabajo que quieres

Por

Álvaro Prieto

Edición: Teresa Galarza

A mi mujer, Sophie.

Prólogo

Ser capaz de desenvolverse en una entrevista de trabajo es una habilidad esencial en la vida. Según las últimas cifras del Departamento de Trabajo de Estados Unidos (2016), el 24 por ciento de la población con un título universitario ha cambiado de empresa seis veces entre los 22 y 42 años. Por otra parte, es evidente que el candidato mejor formado y con más experiencia no siempre consigue el trabajo que quiere. Revisando cuanto se ha publicado al respecto en español, se echa en falta un marco de referencia para enfrentarse con garantías a un proceso de selección serio. Destinado a directivos, estudiantes que se juegan años de universidad y posgrado en lo que dura una entrevista y docentes en el ámbito de los Recursos Humanos y la gestión empresarial en general, este libro concentra mi experiencia de 15 años de carrera y más de 500 entrevistas a ambos lados de la mesa de gigantes como JPMorgan, McKinsey, Amazon, y de destacados representantes de la mejor tecnología española al servicio de las personas como SecuritasDirect, líder europeo en alarmas para viviendas y pequeños negocios, o Fon, la mayor red WiFi del mundo. Asimismo, he completado mi análisis con la experiencia de ejecutivos de otras multinacionales y la perspectiva de la empresa familiar, tan importante en nuestro país.

Este libro comienza con una introducción desde la perspectiva del entrevistador y continua con un compendio de consejos para el candidato estructurados en seis partes. Las cuatro primeras (CV, red de contactos, preparación y ejecución de la entrevista) te servirán para dar lo mejor de ti mismo en un proceso de selección. Las dos últimas, a modo de "chuleta", están llenas de ejemplos reales para ayudarte a contestar las preguntas más temidas y habituales mediante el *storytelling* o habilidad para construir buenas historias sobre tus logros (y fracasos) profesionales.

Como es natural, los consejos vertidos en este libro no son de aplicación a ningún proceso de selección en concreto y en ningún caso deben relacionarse con las empresas en las que he trabajado a lo largo de mi carrera.

Espero que te sea útil.

Sydney (Australia), octubre de 2017.

Introducción: ¿qué siente un entrevistador?

Las entrevistas no siempre se han hecho de la misma forma. Si en los años 70 y 80 se combinaban mayoritariamente pruebas psicotécnicas con sencillas entrevistas en las que lo importante era "caerse bien", los años 90 y el auge del estudio de la inteligencia emocional pusieron de moda la catalogación de los candidatos entre "analíticos, emocionales y sabios", para ya a partir del año 2000 abordar las dimensiones del liderazgo, en auge hasta la actualidad. Una combinación de estas tres dimensiones, con mayor o menor peso relativo según la empresa, son los ejes sobre los que giran la mayoría de los procesos de selección. Veámoslo en mayor detalle:

Primera dimensión: ¿Eres de los míos?

Las entrevistas son procesos con una alta carga emocional en la que dos completos desconocidos se meten en una sala, por lo general pequeña y con pocas vistas, durante 30 o 45 minutos. Lo hacen además para dilucidar cuestiones de enorme importancia para ambos, ya que el candidato se juega un puesto de trabajo y todo lo que conlleva (poder adquisitivo, status, aprendizaje, proyección a largo plazo...) y el reclutador apuesta por introducir en su ecosistema diario un ser extraño al que confiarle secretos, decisiones y, en muchos casos, el desarrollo profesional de las personas que están allí ya. Lo más natural, por tanto, es confiar en la sensación de pertenencia a la tribu como criterio primario, a veces único, a la hora de decidir sobre el encaje mutuo. Mi experiencia contempla dos "sesgos de tribu" principales y con cierta ortogonalidad entre sí:

- Social, donde candidato y reclutador se miden a sí mismos "por quiénes son", o como es habitual comentar, si conectan para "irse de cañas juntos".

- Curricular, donde lo que cuenta es la percepción de si estamos ante una persona exitosa o no, independientemente del sesgo social antes descrito.

Como entrevistador, uno debe estar siempre alerta para evitar el sesgo social. En el 40% de los currículums que recibo, el candidato afirma que su tiempo libre lo emplea en cine, deporte y viajes. ¿Es un candidato no apto por el hecho de ser poco original en su forma de explicar a qué se dedica fuera de la oficina? ¿Diría lo mismo de un fan de Adam Sandler que de las últimas tendencias en cine iraní contrarrevolucionario? ¿Es lo mismo un corredor de maratón que un jugador de fútbol 7? ¿Sería igualmente válido alguien que llega de un monasterio de Bután o de un todo incluido de Varadero? Con frecuencia, los rasgos superficiales que podamos mostrar en nuestro CV, perfil de LinkedIn o en los primeros minutos de una entrevista, definen en cierto modo el resultado del proceso y por ello deben manejarse con cautela por parte de candidato y reclutador con el fin de no centrarse en aspectos que poco o nada tienen que ver con el verdadero rendimiento profesional.

En una ocasión me entrevisté con un director de Recursos Humanos que dejó clara su condición de hombre hecho a sí mismo en cuanto llegó a la sala. Intentando adaptarme a la situación, evité el uso de los tecnicismos habituales propios de mi profesión, simplifiqué sobremanera mi lenguaje y adopté un tono coloquial impropio de contextos profesionales. ¿El resultado? Me tiraron del proceso a las primeras de cambio por excesiva "laxitud" en las formas. Merecido o no, lo cierto es que la intención de "hacerme pasar por parte de la tribu" me pasó factura sin quererlo. Un ejemplo de sesgo curricular por mi parte.

Segunda dimensión: ¿Qué me aportas?

La segunda dimensión de los procesos de selección tiene que ver con lo que en las firmas de servicios profesionales (consultoras, bufetes…) denominan *spike*. El *spike* vendría a ser "aquello que hace de un candidato o de un empleado alguien especial y potencialmente irremplazable". Por lo general, hay tres tipos de *spike* o "cociente", como es conocido en otras empresas:

- el intelectual o analítico, consistente en la habilidad para desarrollar tareas abstractas, sintéticas, complejas e individuales.

- el personal o emocional, descrito como la capacidad de un individuo para liderar equipos, clientes, proveedores y, en general, mantener un alto grado de rendimiento en tareas emocionales.

- el técnico o de conocimiento, fundamental en departamentos de ingeniería, donde el conocimiento de un lenguaje de programación o de un método de gestión de proyectos concreto es clave para optar al puesto.

Es habitual que en las sesiones de *debrief,* o puesta en común entre los entrevistadores tras la ronda de entrevistas de un candidato, surja alguien que diga: "todo esto está muy bien, pero esta persona… ¿qué nos aporta, ¿qué *spike* le veis?". Y si no hay un consenso sobre uno de los tres *spikes*, el candidato será eliminado, a sabiendas de que podría tratarse de un profesional muy equilibrado, *well-rounded*, capaz de aportar muchísimo en diversos frentes.

Ser conscientes de esta segunda dimensión es fundamental a la hora de entrevistar y entrevistarse. Mientras que el reclutador deberá hacer un esfuerzo para no tener que quedarse con una sola "carta" y forzarse a determinar en 45 minutos si una persona es *"problem solver"*, un "animal de cliente" o más bien un "experto en *big data*", el candidato deberá manejar sus palabras para que ese etiquetado, de producirse, sea veraz y refleje sus auténticos puntos fuertes.

No hace mucho tiempo tuve a un candidato que me gustó, no así a mis compañeros. Se trataba de una persona experta en compras y negociación de proveedores, algo fundamental en el puesto que quería cubrir, que sin embargo carecía de rigor analítico. Me convencí de que tenía un conocimiento específico tan fuerte (el *spike* técnico que comentábamos antes) que me relajé a la hora de comprobar el resto de sus habilidades. Cuando mis colegas hablaron con él sin mi sesgo, la realidad quedó al descubierto y, por suerte para todos, el candidato no pudo avanzar en el proceso.

La situación contraria puede asimismo ocurrir con bastante frecuencia. Recuerdo que haciendo una entrevista en una escuela de negocios di con un MBA "perfecto" para cualquier tarea: buenas notas en universidad de prestigio, buena forma de analizar, sintetizar y comentar ideas, experiencia relevante de trabajo internacional… Al hacer el informe de la entrevista, sin embargo, fui incapaz de identificar un *spike* concreto, lo que trasladado al comité de evaluación resultó en un *no-go*. ¿Culpa mía por no identificar el verdadero valor de la candidata? Seguramente, aunque si ella hubiera sido consciente de este segundo sesgo, quizá hubiera orientado sus explicaciones de forma que no me quedara duda de su valía concreta más allá de ser una excelente candidata *overall*.

Como es natural, el "qué me aportas" también es una pregunta que el candidato se hace sobre la empresa y por tanto el concepto de *spike* también se aplica. En mi caso, yo tenía claro que McKinsey era el sitio "donde aprender" y Amazon el lugar "donde desarrollar una carrera a largo plazo, con alta responsabilidad e impacto".

Tercera dimensión: ¿Eres un líder?

En los años 2000, con el auge de las empresas tecnológicas y el emprendimiento en general, se identificó que la experiencia profesional pasada era el mejor predictor de rendimiento futuro, alumbrando así el paradigma de la *behavioural interview*, una técnica de entrevista con dos premisas fundamentales:

- Enfoque exclusivo en ejemplos recientes de la experiencia profesional del candidato en los que este pueda demostrar la puesta en práctica de lo que la empresa define como dimensiones de liderazgo (ej. los famosos "leadership principles" de Amazon, o los no menos conocidos "values" de McKinsey).

- Investigación exhaustiva de ese ejemplo, como si de quitar capas a una cebolla se tratase, a fin de desentrañar el verdadero comportamiento del candidato y su verdadera talla como líder, siempre de acuerdo con las dimensiones de liderazgo establecidas por la compañía.

Preferida por las organizaciones más sofisticadas del mundo, la identificación del liderazgo futuro en base a la experiencia pasada es empíricamente la mejor manera de reclutar y, desde luego, la más justa para el candidato, ya que este ha de limitarse a contar de manera ordenada ejemplos recientes de su carrera profesional. Sin embargo, pocas son las empresas que saben aplicarla con rigor (Amazon sí es una de ellas gracias a la cantidad de recursos que dedica a la formación de entrevistadores y en general al proceso de selección), pues exige una preparación que solo se logra tras muchas entrevistas supervisadas por un colega bien versado en la técnica.

A pesar de lo complicado que resulta generalizar, me gustaría definir las cinco grandes dimensiones de liderazgo que buscan las empresas actualmente. Con sus matices y excepciones, estas son las cualidades preferidas por los reclutadores y las posibles contradicciones con la realidad de la empresa que el candidato debería observar al entrevistarse:

- Orientación al cliente ("client first" en McKinsey, "customer obsession" en Amazon) como principio superior a la hora de comportarse, diseñar productos y procesos, tomar decisiones. *Posible contradicción:* tener una cultura de ventas muy arraigada.

- Sentido de la responsabilidad o ser capaz de no tirar balones fuera jamás, tirar del carro sin desfallecer y enfrentarte contra los elementos si es preciso. *Posible contradicción:* una organización sin un proceso definido para desarrollar proyectos no permite que se pueda ejercer el *ownership* sobre las cosas.

- Ser capaz de basar cualquier recomendación en un análisis numérico de varias capas, es decir, ser capaz de justificar con números, y a su vez con más números que justifiquen los primeros, la toma de cualquier decisión, poniendo la "experiencia", el "olfato" o el sentido común (*judgement*) en segundo lugar. *Posible contradicción:* la ausencia de un repositorio de datos ordenado y de fácil acceso dificulta enormemente desarrollar este principio.

- Tener una clara vocación pedagógica, o de desarrollo de las personas/equipo a tu alrededor a través de la inversión en tiempo en *training, coaching* y *feedback* ("hire and develop the best" en Amazon"). *Posible contradicción:* la falta de un plan de carrera concreto y probado hace poco creíble que se busquen líderes con vocación de desarrollo de personas.

- Ser capaz de desafiar a la jerarquía, tanto hacia arriba llevando la contraria a tus superiores ("obligation to dissent" en McKinsey&Company, "to have backbone" en Amazon), como hacia abajo, remangándote cuando sea necesario, incluso realizando tareas menores si la situación lo exige ("roll up your sleeves" en Amazon). *Posible contradicción:* un elevado número de niveles de reporte o una plantilla chapada a la antigua que no comulgue con este credo.

Tras esta introducción, el resto de este libro es un manual de referencia para candidatos en caso de duda o falta de práctica en entrevistas. Igual que un piloto no repasa sus apuntes de aerodinámica prácticamente jamás, pero es importante que entienda conceptos como el empuje o la pérdida, hacer entrevistas de manera exitosa pasa por adoptar la misma actitud: ser consciente e interiorizar dentro de lo posible el marco conceptual ofrecido en estas páginas, pero concentrarse en escuchar bien las preguntas formuladas por el reclutador, elegir bien las palabras de la respuesta y guardar la compostura.

Índice

Parte I. Actualiza tu CV

Para bordar una entrevista de trabajo, recomiendo comenzar rediseñando el currículum, no solo por su utilidad a la hora de contactar con las empresas sino por el ejercicio de introspección que supone repensar cada una de sus líneas. A continuación, daré algunas pistas sobre cómo adaptarlo a circunstancias concretas (recién graduados, años en blanco…) y comentaré algunas cuestiones sobre la tradicional carta de presentación.

Capítulo 1. Los básicos del CV

Producir un buen CV es lograr un documento de marketing que atraiga la atención de una empresa para que quiera conocerte. La pregunta es: ¿qué candidatos tienen una mayor probabilidad de llamar la atención? Ponte en el lugar del reclutador. ¿Crees que se puede permitir el lujo de escrudiñar pormenorizadamente cada solicitud recibida? Muy al contrario, lo habitual es buscar cualquier razón para ir descartando y decidir en pocos segundos: ¿lo rechazo o lo considero? A continuación, algunas buenas prácticas para que tu currículum sea, al menos, considerado:

Una sola página

El formato de una sola página obliga al candidato a centrarse en los detalles más relevantes y facilitar al reclutador la tarea de buscar las habilidades, certificaciones, capacidades y experiencias necesarias. Con todo, existen algunas excepciones a la regla (por ejemplo, los candidatos muy senior pueden darse el lujo de tener currículums más extensos y existen formatos especializados de currículum para ciertos campos como el gobierno o el mundo académico), pero en caso de duda, mantén el tuyo concentrado y en una sola página. ¿Significa esto que un currículum de dos páginas hará que te descarten? Probablemente no, pero los reclutadores no se lo leerán todo y si no captas su atención a la mitad de la primera página, el resto puede que no importe. Por otra parte, un currículum excesivamente largo puede hacerte parecer poco centrado o desinformado. Tratar de meter hasta la última beca o cursillo en el currículum no suele funcionar.

¿Resumen de entrada?

No soy partidario de colocar un resumen corto al comienzo del currículum. Aunque las primeras líneas son cruciales para atrapar rápidamente la atención del lector, como entrevistador doy por hecho que ese párrafo será una exageración bienintencionada de lo que viene debajo, y tiendo a saltármelo. Aún peor es tratar de describir tus objetivos, así que no lo hagas. Si acaso, y solo en puestos muy especializados, explica lo que puedes hacer por la empresa, sin entrar en detalles sobre lo que estás buscando. Solo hay unas pocas excepciones En contadas excepciones, sin embargo, un párrafo-resumen inicial puede ayudar a contextualizar ciertas situaciones especiales como:

- Cambio de carrera, ya que sin un resumen es posible que un reclutador solo mire tu experiencia más reciente y asuma que no eres el candidato que busca porque tu experiencia no se ajusta al puesto, descartando tu currículum.

- Los recién graduados con nula o limitada experiencia pueden incluir en su párrafo-resumen elementos que les permitan diferenciarse de sus compañeros de promoción, con idéntico *background* académico.
- Los ejecutivos senior con mucha experiencia a sus espaldas pueden condensar en pocas palabras sus destrezas y logros más relevantes al principio de su currículum.

Personalízalo

Adapta tu currículum a la descripción del puesto para así dejar claro que tu experiencia y logros se alinean con los requisitos del mismo. Incorpora palabras clave (palabras específicas relacionadas con la educación, especialidades, logros, certificaciones) para demostrar que hablas el mismo idioma que la empresa y asegurarte de que cualquier software de cribado de CVs (muy habituales en Estados Unidos y cada vez más usados en España) encontrará en tu currículum lo que busca. No malgastes espacio en mencionar que tienes "referencias disponibles". Es evidente.

Quiérete un poco

Céntrate en tus logros, no en tus responsabilidades. Explica qué has hecho para sobresalir en un determinado trabajo. Siempre que sea posible, alardea de resultados concretos. Menciona cuánto dinero ahorraste o aquel rediseño de la política de personal que recortó en un 20% la tasa de rotación; cualquier estadística que respalde tu experiencia te dará mucha credibilidad.

La personalidad sí importa

Muestra algo de tu personalidad. Las personas de éxito tienden a ser interesantes y si la persona que te va a contratar piensa que lo eres, es más probable que quiera conocerte y entrevistarte. Esto no significa que tengas que hablar de vida personal en sí, pero puede ser útil mencionar actividades al margen del trabajo que demuestren creatividad, determinación, iniciativa. De no ser relevantes u originales, ahórratelas.

Capítulo 2. Estilo del CV

Sencillez y pulcritud es cuanto necesitas. Utiliza títulos que sean fáciles de leer a primera vista y emplea tipos de letra tradicionales. Evita los bordes, sombras, delineados, columnas e incluso cursivas para que la empresa a la que envías tu solicitud pueda importar en sus sistemas todo el contenido. Las oraciones deben ser cortas y concisas. Si utilizas viñetas (*bullet points*), mejor que sean breves. Sé selectivo con los adjetivos y adverbios y evita repeticiones y frases redundantes.

Siempre en orden inverso

Por muy larga que sea tu carrera profesional, tu experiencia laboral más reciente es lo que interesa más a los entrevistadores, que quieren que rindas desde el primer día. Comienza enumerando siempre tus responsabilidades en orden inverso al cronológico, y para los puestos que tuviste hace 10-12 años, haz una descripción muy breve y considera eliminarlos si no aportan gran cosa.

Eres una persona de acción

En lugar de centrarte en describir qué hacías, explica bien qué conseguiste. ¿Le ahorraste dinero a la empresa? ¿Rediseñaste nuevos procesos? Escoge bien tus palabras y utiliza verbos de acción en presente para los puestos actuales y en pasado para los anteriores empleos. Los verbos de acción hacen que tu escritura sea más concisa y dinámica, y los más efectivos son los que no dejan lugar a duda en su significado: diseñar, reclutar, reducir, lanzar, asignar, aprobar, automatizar, disminuir, lanzar, incrementar, renovar, proponer.

Evita expresiones menos certeras como coordinar, impulsar... Y por supuesto desecha fórmulas tan grises como "desempeño como coordinador" o "responsable de la gerencia". Asimismo, ahórrate los lugares comunes y el autobombo que resulta de calificarse a uno mismo como experimentado, excelente, enérgico, motivado, decidido o excepcional.

Uso inteligente de los bullet points

Los *bullet points* hacen tu texto fácil de escanear visualmente y ayudan a centrar al lector en a tus puntos fuertes, si bien ocupan mucho espacio en el currículum y muchos candidatos los utilizan en exceso. Si tu currículum necesita una reducción, revisa qué guiones pueden combinarse entre sí. Desplaza el borde izquierdo de la sangría del texto en guiones para conseguir espacio.

Evita la redundancia

La redundancia se da cuando has tenido varios trabajos con responsabilidades similares. En lugar de enumerar cada puesto como un nuevo trabajo, menciona la compañía una sola vez y luego el más alto nivel de responsabilidad dentro de la misma seguido del resto de puestos ejercidos. Asimismo, aquellos candidatos de perfil más técnico (programadores, por ejemplo), deberían evitar repetir los lenguajes utilizados en cada puesto de trabajo previo.

Que respire

El currículum tiene que respirar. Lo contrario dificulta la lectura del documento y genera cierta pereza a la hora de considerar al candidato. Sin el espacio en blanco, todo el contenido se mezcla y nada sobresale. Evita fuentes de tamaño inferior a 10 puntos y los márgenes diminutos. Y lo más importante: procura que el formato sea *mobile-friendly* evitando largos párrafos y grandes bloques de texto difíciles de seguir en una pantalla pequeña, ya que los entrevistadores aprovechamos momentos de itinerancia (aeropuertos, trenes…) para ponernos al día con los CVs. Sé consciente de ello y asegúrate de que tu currículum se puede leer bien en móvil o tablet.

Mejora continua

Por naturaleza, los primeros borradores del CV suelen tener demasiadas palabras. Termina tu primer borrador y déjalo. Como mucho, consúltalo con la almohada. Al día siguiente, intenta editar el contenido para hacerlo más sucinto y pídele a un amigo cercano que lo revise objetivamente. Cuando estés harto y pienses que has quitado todas las palabras innecesarias posibles, es el momento de leerlo de nuevo y eliminar cada punto que no aporte valor.

Currículums más atractivos

Los currículums son a menudo demasiado serios e indistinguibles en cuanto a diseño: papel blanco, texto en negro y nada que destaque. Si quieres realzar tu CV, los siguientes consejos te podrán venir bien:

- Plantilla: La manera más rápida de hacer que un currículum resulte atractivo es a través de una plantilla. Encontrarás algunas gratuitas que están bastante bien en Microsoft Word. Si usas una plantilla, cerciórate de que siga todas las pautas enumeradas a continuación.

- Tipo de letra: Times New Roman es la habitual porque es la predeterminada en Microsoft Word, pero quizá sea más elegante utilizar alternativas como Georgia, Book Antiqua y Tahoma ya que quedan muy bien tanto en pantalla como impresas, con un espaciado claro y constante. Evita tipos de letra recargadas o anticuadas a toda costa y nunca emplees más de un tipo en el mismo documento. En cuanto al tamaño, nunca inferior a 10 puntos o superior a 12. Te interesa que se lea fácilmente y tenga un aspecto profesional. No soy partidario de utilizar la negrita más que para los encabezados, que deberían ir en el tipo de letra que hayas elegido para el resto del documento y dos puntos más grande para hacerlos fácilmente identificables. Deja que entre los encabezados haya cierto espacio en blanco antes y después también. Evita escribir en mayúsculas, no es ortográficamente correcto.

- Foto: estoy en contra de poner una foto en el CV ya que en algunos contextos puede ser fuente de prejuicios innecesarios.

- Color: No queda mal que los encabezados vayan en un azul marino en vez de negro, pero ten presente que el receptor podría no imprimir en color a pesar de tus intenciones.

- No te pongas en plan artista: Tu objetivo es destacar, pero las extravagancias sirven solamente para confundir. Una línea fina bajo tu nombre y dirección ya es una manera de dividir con estilo y cumple con el objetivo de facilitar la lectura de tu currículum. Si eres diseñador, escritor u otro profesional creativo no olvides el link a tu portfolio *online* en sitios como *Behance, Carbonmade,* o *Shownd.*

Capítulo 3. El CV de los recién licenciados

¡Lo conseguiste! Ya estás fuera de la universidad y es hora de vivir en el mundo real. Eres joven, aunque sobradamente preparado, y ahora se trata de que las empresas te elijan de entre todos los nuevos licenciados, que por lo general seréis nuevos en el mercado de trabajo y gozaréis de poca o ninguna experiencia.

Consejos para el párrafo-resumen

Como decíamos en el capítulo 1, en el caso particular de un recién licenciado puede ser una buena idea incluir un párrafo-resumen en la parte superior de tu currículum para proporcionar una visión general de tus habilidades y logros y aclarar lo que estás buscando. Evita los términos genéricos como "emprendedor", "dinámico" o "detallista" y procura ser más específico.

Consejos para poner en valor tu educación

Si tu principal argumento de venta es tu educación, incluye la media de tu expediente académico si crees que estás en el primer cuartil de tu promoción. También es buena idea enumerar actividades extra y organizaciones a las que hayas pertenecido como estudiante. Pasado un tiempo, según consigas tener una experiencia más relevante, incluir este tipo de información será menos relevante. Prepárate para explicar en tus entrevistas por qué elegiste la universidad a la que asististe, cuales eran tus clases más y menos favoritas, tus principales logros (académicos y extracurriculares) y tu ambición de carrera a largo plazo sin pecar de falsa modestia ni apelar a los buenos sentimientos del entrevistador, ya que aspirar a fundar una ONG es algo muy loable pero los entrevistadores no suelen dar puntos extra por ello.

Consejos para sacar brillo a tu (limitada) experiencia

Las prácticas deben por supuesto incluirse, aunque no sean remuneradas, así como los proyectos importantes de la escuela y las actividades extracurriculares significativas, especialmente si son en el extranjero, ya que el reclutador estará interesado en saber cómo tus esfuerzos y contribuciones han beneficiado a las personas para las que has trabajado, y cómo las habilidades adquiridas con estas experiencias pueden ahora beneficiar a su empresa. Por ejemplo, si tienes un máster en finanzas y fuiste el tesorero para una organización en la universidad, ponlo.

Explica también los proyectos académicos que sean relevantes para el puesto de trabajo en cuestión. Por ejemplo, un licenciado en ADE con especialización en marketing puede haber diseñado una campaña publicitaria para una empresa grande y haberla presentado a sus ejecutivos. Aunque no haya sido obviamente una situación real, el ejercicio podría ser la razón por la que te llamen a una entrevista.

Incluye también una sección de premios y becas pues en ausencia de otros elementos de juicio puede resultar definitoria para los entrevistadores. Asimismo, enumera tus conocimientos de programas de *software* e idiomas, aficiones e intereses, especialmente si estos demuestran perseverancia, liderazgo, o una gran capacidad analítica. No olvides que esta sección también puede ayudar a desencadenar una charla agradable y crear un buen ambiente de entrevista.

Capítulo 4. El CV de los que cambian de carrera

La mayoría de mi generación ve de forma natural un cambio de carrera. El cambio de carrera es a veces por elección, incitado por el descubrimiento de un nuevo sueño o la necesidad de desafíos más grandes. A menudo, especialmente en época de crisis económica, los cambios de carrera se hacen por razones prácticas como respuesta a los cambios de la industria que hace que falte trabajo en algunos sectores, haya demasiada competencia o perspectivas futuras menos atractivas. Sean cuales sean tus razones para cambiar la trayectoria de tu carrera, es importante explicarse bien. Veamos algunos consejos:

La importancia de una carta de presentación

Como veremos en el capítulo 6, la carta de presentación puede ayudar a explicar los motivos de tu transición de carrera, y es una oportunidad para transmitir las conexiones entre tu pasado y los conocimientos y habilidades que puedes aportar a tu nueva posición. Estas conexiones no son siempre obvias. No asumas que el lector pueda entender el cambio entre tu experiencia como abogado y el puesto de marketing al que aplicas. Explícalo. Destacarás entre candidatos teóricamente mejores si cuentas bien por qué tu trayectoria no tradicional te convierte en el candidato adecuado.

Adapta ligeramente tu CV

La mejor opción para los que quieren cambiar de carrera es un currículum que enumere tu última experiencia profesional en orden cronológico inverso con un resumen de entrada en el que menciones explícitamente tu nuevo objetivo de carrera. Recuerda que los reclutadores mantienen la atención por poco tiempo. Si echando un vistazo a tus últimos puestos de trabajo no resulta obvio que puedas encajar, asegúrate de explicar tu *move* en el resumen de entrada.

No tengas miedo a no ser el candidato teóricamente ideal

Independientemente del formato que elijas, tu nuevo currículum debe estar completo, pero no resultar abrumador. Ten en cuenta las destrezas que sean más interesantes para el reclutador. Tu experiencia en una empresa como relaciones públicas puede ser impresionante, pero no tanto para un entrevistador en busca de una persona con perfil tecnológico. Es entonces cuando las habilidades transferibles entran en juego. Cada trabajo nos enseña algo, y esas cosas pueden ser ampliamente utilizadas en otra parte. Por ejemplo, tus habilidades de gestión del tiempo o conocimiento de ciertos programas de ordenador serán útiles en cualquier puesto.

No necesitas enumerar cada puesto que has tenido si no te ayuda para la transición de carrera que pretendes. Mantente centrado en lo importante especialmente si eres un candidato relativamente experimentado que está dispuesto a adquirir un papel menor a cambio de la oportunidad de cambiar de industria. Algunos reclutadores tienen un sesgo hacia los "sobradamente preparados" (les preocupa que puede que no aceptes en realidad un trabajo inferior o que posiblemente no estés verdaderamente interesado en el trabajo). Quita importancia a tus años de experiencia y acentúa tu compromiso por cambiar de carrera y tu buena voluntad (y capacidad) para arremangarte y hacer el trabajo necesitado.

Para adaptar tu CV al cambio de carrera, piensa en proyectos de tu pasado que te permitieron desarrollar esas habilidades transferibles. Si tu última experiencia profesional no tiene nada que ver con tu nueva carrera, puedes compensarlo acentuando el trabajo fuera de horas de oficina. Por ejemplo, si eres un ayudante de contabilidad que quiere pasarse al diseño gráfico, incluye las páginas web que hayas desarrollado, como por ejemplo la página del hostal de tu amigo. Enumera las clases y la formación en *software*. Demuestra que tienes pasión por tu nuevo campo y que has aprovechado cada oportunidad para desarrollar tus habilidades.

Es posible que no tengas la formación habitual de la mayoría de candidatos para tu nueva carrera. Sin embargo, ten presente que los reclutadores prefieren emplear a alguien que se ajuste en un 80-90% pero que muestre mucho entusiasmo y buena voluntad de aprender. Céntrate en mostrar tus puntos fuertes y capacidades de la manera más atractiva posible. Tu entusiasmo y valentía por cambiar de campo se verá en tu carta de presentación y en tu currículum, y ello te llevará directamente a la entrevista.

Capítulo 5. Los vacíos o huecos del CV

Tener un hueco en tu currículum (un período de tiempo durante el que no has trabajado o has trabajado en algo que no quieres incluir en tu historia), es algo bastante normal. Tanto si es por razones personales o por un despido masivo, veremos unos consejos para enfocar el asunto en la entrevista de trabajo.

Si bien irse de un trabajo por otra oportunidad es comprensible en la mayoría de los casos, los entrevistadores te harán probablemente más preguntas si has estado sin trabajo entre puesto y puesto, ya que esto podría indicar una salida repentina y probablemente involuntaria, lo que podría sugerir una personalidad conflictiva, rendimiento deficiente, o cualquier otra razón que pudiera hacer que contratarte fuera un riesgo. Si tu despido fue parte de un ERE masivo, y no tuvo que ver con tu rendimiento, explícaselo a tu entrevistador. Destaca lo que has aprendido de la experiencia, pero mantén tu respuesta corta y ve al grano. Ten en cuenta que tu entrevistador buscará señales de alarma como ser poco profesional, carecer de motivación o constatar la falta de honradez.

Resístete a la tentación de mentir sobre las fechas en tu currículum. Tu entrevistador podrá verificar tu historial de trabajo fácilmente y podrá descubrir si la información que has proporcionado es cierta.

Tomarse el tiempo para preparar bien lo que vas a decir sobre esos huecos te ayudará a sentirte con más confianza y menos a la defensiva en la entrevista de trabajo. Si tropiezas, divagas o estás inquieto al hablar de tu hueco y de las razones para querer volver al mercado de trabajo, tu entrevistador se preguntará si estás ocultando algo, aunque no sea el caso. La capacidad de transmitir una actitud positiva y confiada te llevará muy lejos. No dejes que el hueco en el currículum te eche para atrás.

Evita cargar las tintas

Por traumática que fuera tu salida, nunca hables mal de tu empresa anterior. Da la información de manera sincera, una simple recapitulación de lo que sucedió. Dos buenos ejemplos serían:

- "La compañía tuvo que hacer recortes de presupuesto y despedir a dos del departamento. Desgraciadamente, yo era unos de los últimos que habían contratado. Sin embargo, estoy orgulloso del trabajo que hice en la compañía X y estoy seguro de que mi jefe anterior podrá hablar bien de mí".

- "Vino un nuevo director general que decidió traer al equipo de su empresa anterior. Fue decepcionante, pero la verdad es que probablemente fuera el momento adecuado para perseguir un nuevo desafío".

Rellena el hueco

Si no has tenido trabajo durante algún tiempo, o si tienes un hueco grande en tu currículum, explica qué has estado haciendo para mantenerte al día. Buenos ejemplos son el trabajo voluntario, los proyectos independientes, y los certificados o cursos de formación continua. Si no has estado haciendo nada de esto, deberías comenzar ya: tendrás algo de lo que hablar en tus entrevistas de trabajo y te mantendrá intelectualmente activo y centrado durante tu búsqueda de trabajo.

Si el hueco es de un año o más sin trabajo (por ejemplo, si has sido padre o madre a tiempo completo o te has ocupado de tus propios problemas de salud), tendrás que ser particularmente elocuente al explicar por qué eres un gran candidato. Tu reto es demostrar que has continuado al día y estás 100% listo para volver a trabajar a tiempo completo. Para ello, habla de la formación, el trabajo voluntario, etc. También deberías mencionar cualquier conferencia o seminario al que hayas asistido, y cualquier asociación profesional u organización a la que te hayas unido. Recuerda destacar cualquier habilidad valiosa aprendida durante los meses de hueco que sean relevantes para el trabajo que estás buscando. Por ejemplo, es posible que hayas mejorado tus habilidades de dirección mientras has sido mentor de emprendedores, o que hayas desarrollado capacidades valiosas de gestión de proyectos mientras te encargabas de organizar la fiesta de navidad del colegio de tus hijos.

Un pequeño truco

Hay maneras de ajustar el formato de tu currículum para evitar llamar la atención con las fechas. Por ejemplo, la manera fácil de camuflar un hueco de algunos meses es enumerar solamente los años del empleo. De esta manera, el hueco no es tan obvio en tu currículum, será más probable conseguir una entrevista y tener la oportunidad de explicar el hueco en persona. No hay necesidad de llamar la atención sobre un hueco de unos pocos meses a menos que te pregunten por ello.

Capítulo 6. La carta de presentación

Criticidad de la carta de presentación

En ocasiones, es fundamental que la empresa conozca ciertos aspectos de tu historia que generalmente no se ponen en un currículum. El currículum es un documento formal con unas reglas que aconsejan o no incluir información personal. Sin embargo, hay veces en que necesitas comunicar este tipo de información para que tu candidatura tenga sentido, especialmente en situaciones de cambios de carrera y huecos laborales, como acabamos de ver en los capítulos anteriores. No olvides que en los departamentos de recursos humanos reciben miles de currículums de cada día y que algunos te descartarán si no ven que encajas sobre el papel, asumiendo que eres una de esas personas que se presentan a todos los trabajos que ven disponibles. Una buena carta de presentación puede marcar la diferencia.

Tu carta de presentación también puede explicar otros aspectos de la situación particular de tu carrera que no sea apropiado incluir en tu currículum. Por ejemplo, si te has tomado un tiempo sin trabajar, pero te has mantenido al día.

Cabe la posibilidad de que la compañía te pida que incluyas información específica en tu carta de presentación. Esta técnica se utiliza para hacer un cribado más fácil de candidatos. Ignorar la petición podría hacer que te ignoraran a ti también. Por tanto, sugiero que averigües cuál es el sueldo medio para el puesto al que te presentas e incluyas un rango de salario un poco por encima de ese número. En cualquier caso, no incluyas información sobre el sueldo en tu currículum.

Una forma de distinguirte como candidato es investigar bien a la empresa y mencionar estar interesado en lo que hace la empresa, tener conocimiento de las subvenciones recientes que les han sido otorgadas, conocer un producto que recientemente se ha lanzado, etc. Por el contrario, no es apropiado incluir esto en el currículum, pero agregarlo a tu carta de presentación puede ayudarte a resaltar de entre el montón de solicitudes.

Consejos para bordar la carta de presentación

Si no se te da bien escribir, no te agobies y encuentra a alguien que lea y corrija el documento por ti. Al igual que el currículum, la carta debe tener un máximo de una página para que el entrevistador la pueda leer en su pantalla y no tenga que desplazarse con el cursor hacia abajo.

Puedes escribir una carta con formato tradicional en párrafos o incluyendo *bullet points*, pero, de cualquier manera, debes incluir ejemplos de tus logros y credenciales. Aunque te conviene ser breve, también es bueno animar al lector a que repase tu currículum más detenidamente. Asegúrate de que modificas la carta para resaltar los requisitos particulares y logros más relevantes para cada puesto.

Siempre que sea posible, investiga un poco y averigua el nombre de la persona que leerá la carta. Es un detalle de poca importancia y algunos entrevistadores no lo tendrán en cuenta, pero puede hacerte destacar entre el resto. Ante todo, no envíes una carta genérica y en la parte final, asegúrate de pedir una reunión. Es obvio que quieres una entrevista cuando envías una carta y un currículum, pero encontrar trabajo requiere de un enfoque decidido. Por lo tanto, en cada punto del proceso debes intentar adelantarte al siguiente paso. La carta de presentación es el primer paso, así que no pierdas la oportunidad de intentar concertar una reunión con el encargado de contratación al final de tu carta. También asegúrate de dar las gracias por el tiempo invertido y la consideración.

Ejemplo de carta de presentación: hueco en el currículum

"Estimado Director Fernández: tras seis años de experiencia como profesora de instituto en Córdoba y con un máster en Química por la Universidad de Oviedo, creo que soy la candidata ideal para cubrir el puesto que se acaba de abrir tras la jubilación del profesor Ortega en la cátedra de Ciencias de su colegio.

Tras siete años cuidando de mis hijos, me gustaría volver a retomar mi carrera ahora que el pequeño ya va a la guardería. Aunque he estado centrada en mi familia estos siete últimos años y no he trabajado por cuenta ajena, he seguido conectada al mundo de la enseñanza y la Química leyendo las publicaciones y asistiendo a las conferencias de la Asociación Docente de Ciencias Aplicadas. Asimismo, he sido voluntaria en Cáritas dando clases particulares a niños desfavorecidos.

Mi ilusión es que mis hijos acudan al colegio y un día les pueda dar clase. Por favor, revise mi currículum adjunto de cara a concertar una entrevista en los próximos días. Gracias por su consideración y hasta pronto".

Esta carta es un buen ejemplo de cómo abordar un hueco en el currículum activamente, siendo honesto y poniéndose en valor en el primer párrafo, explicando además cómo se ha mantenido al día tanto en el plano teórico como en el práctico.

Parte II. Haz más contactos

Tras el currículum y la carta de motivación, esta segunda parte identifica las claves para conseguir una entrevista de trabajo. Para ello, resulta fundamental apoyarse en tu red más próxima y valerse de un perfil potente en LinkedIn.

Capítulo 1. La importancia del *networking*

Cuando se trata de conseguir meter el pie en una empresa, las relaciones son a veces más importantes que los conocimientos, la experiencia y el desempeño en la entrevista, especialmente en empresas de menor tamaño y sofisticación en sus procesos de reclutamiento. A pesar de lo que se diga, no esperes que las redes sociales (LinkedIn) sean la panacea. Construir una red de contactos eficaz lleva sus años, no suele ser un proceso digital y es un esfuerzo que, como el amor o la amistad, no puede dar réditos inmediatos si antes se ha venido descuidando.

Cómo desarrollar tu red de contactos

Tu red puede y debe contener a antiguos compañeros de trabajo, contactos de tu escuela (profesores y alumnos), una amplia gama de personas de tu sector y amigos personales. Si has descuidado las redes en el pasado, no hay mejor momento que ahora para reconectar. Tu tiempo está mucho mejor invertido en compartir un café o una comida con un contacto que en buscar trabajos por Internet. De hecho, las encuestas consistentemente muestran que el 80-85% de los solicitantes de empleo encuentran trabajo como resultado de ser recomendado por un amigo o colega y solo el 2-4% de los trabajos vienen a través de Internet.

Si crees que tu red no es buena, siéntate y haz una lista de toda la gente que conoces (o que puedes conocer a partir de un contacto cercano) y que pueda querer ofrecerte consejo. Rétate a salir de tu zona de confort.

Si odias el *networking*, te puede dar vergüenza dirigirte a alguien con quien solo coincidiste una vez o a un tipo con el que trabajaste un mes hace cuatro años. Sin embargo, un mensaje informal por email o LinkedIn no es muy arriesgado (¿y qué, si no contesta?) y podría dar lugar a una buena relación si muestras interés por ellos y ofreces algo de valor a cambio (desde sugerir un restaurante o recomendar un libro hasta ofrecer asesoramiento experto) ya que nadie quiere ser amigo de un oportunista cansino.

La importancia de los eventos

Asistir a eventos organizados es otra manera de ampliar tu red. Únete a grupos de profesionales o antiguos alumnos y asiste a lo que estos organicen de vez en cuando, pero no te hagas notar demasiado para no parecer un trepa. Lleva a un amigo si te hace sentir más cómodo y preséntate a tres personas nuevas cada vez. Si vas con ese amigo, poneos de acuerdo en cómo trabajar el evento y presentaos mutuamente a gente interesante que hayáis conocido.

Mantente alerta

Todo el mundo necesita buenas referencias cuando busca trabajo, pero los recuerdos se desvanecen y por ello has de asegurarte de que sigues en contacto con antiguos jefes y compañeros de trabajo para que puedan opinar de ti positivamente. Una manera de hacerlo es pedir recomendaciones por LinkedIn a la gente que te conoce bien y hacer que tu perfil de LinkedIn sobresalga. Lo veremos más en detalle en el siguiente capítulo.

Recuerda siempre que el *networking* implica apoyo mutuo. Pregunta a tu red por su trabajo y encuentra la manera de echar una mano invitando a otros a tus eventos o compartiendo recursos de interés común. Y si alguien te pide que muevas su currículum o le ayudes en la búsqueda de trabajo, recuerda que le estás haciendo un favor por adelantado. Incluso si has conseguido el trabajo, sigue cultivando tu red, pues tus contactos pueden ser muy útiles en otros aspectos de tu vida, y si llega el momento de tener que buscar trabajo otra vez, tendrás una red fuerte que te respalde.

La mayoría de la gente está encantada de ayudar a sus contactos si saben que el esfuerzo es apreciado. No olvides nunca dar las gracias por pequeño que haya sido el favor recibido y se generoso invitando a esa persona a comer o cenar; no te limites a una fría nota de agradecimiento.

Ya tengo una red de contactos. ¿Y ahora qué?

Empieza por pedir una breve reunión o llamada de teléfono para que te aconsejen de forma general sobre las oportunidades que presenta el sector. Deja claro que tu intención no es pedir trabajo, especialmente cuando te dirijas a personas que todavía no te conocen bien.

Ten presente que casi cualquier persona se presta con gusto a dar consejo si eres agradable y lo pides bien. Y si causas una buena impresión, es mucho más probable que tu contacto piense en ti cuando surja una nueva oportunidad.

Con los contactos que trabajan en tu sector o en la empresa que te interesa, puedes solicitar una entrevista informal, cuya técnica concreta veremos más adelante. Si sabes de un puesto en concreto, averigua si tu contacto te puede dar un consejo sobre la mejor manera de presentar tu candidatura y si tienes un poco de suerte éste pasará tus datos a la persona adecuada y así te asegurarás de que tu currículum recibe la atención que merece.

Capítulo 2. Cómo tener un gran perfil de LinkedIn

Cuida el perfil básico

Lo más importante es que los reclutadores encuentren fácilmente tu perfil. Ni se te ocurra poner tu mote o diminutivo y quédate con lo básico: nombre y apellidos.

El titular o *headline* es una de las partes más importantes de tu perfil de LinkedIn porque aparecerá con frecuencia en los resultados de búsqueda, invitaciones para conectar, mensajes, etc. Limítate a mencionar posición o nivel jerárquico y empresa. "Partner at McKinsey". "Director at Amazon". "Project Leader en Acciona". ¿Has ganado algún premio o certamen profesional reconocido en tu sector? Inclúyelo también en tu titular.

Tu foto es la representación visual de quién eres en el mundo de LinkedIn. No te pongas una haciendo ala delta ni leyendo un libro a ese niño al que conociste haciendo voluntariado. Se autentico y utiliza una de aspecto profesional. Dependiendo de tu público objetivo, también puedes optar por algo más desenfadado como una buena caricatura, pero no te pases de listo.

Personalizar tu URL de LinkedIn hace que sea más fácil encontrarte buscando por tu nombre. La mayoría de los usuarios tiene una combinación de su nombre y varios números como dirección de URL predeterminada. Lo ideal es acortar a tu nombre y apellido si es posible. Si la URL resultante ya estuviera en uso, busca una combinación de iniciales y apellido fácil de recordar, sé creativo e inventa algo para que la gente te pueda encontrar fácilmente. Asimismo, tener una URL personalizada asegura la continuidad entre tus cuentas de redes sociales, tu blog, etc.

Tus contactos en LinkedIn

Los contactos son en gran parte lo que hace que LinkedIn sea una herramienta tan buena para buscar trabajo. De cara al reclutador, es fundamental cuidar la cantidad y características de esos contactos: tener una lista de contactos de menos de 50 personas o que estos sean tan o menos senior que el candidato suele ser motivo de suspicacia.

Lo creas o no, los grupos de LinkedIn son cada vez más importantes y convertirte en un participante activo te ayudará a hacer nuevos contactos que, a su vez, incrementarán tu exposición a las personas que están buscando empleados de tu perfil. Crear tu propio grupo sustanciará tu marca en el sector si te ciñes a un área específica de tu industria y te presentas como un experto en ese pequeño nicho.

Gestionar las recomendaciones y los apoyos ("endorsements")

Tanto las recomendaciones como los apoyos pueden fortalecer tu presencia en LinkedIn. Los apoyos son diferentes de las recomendaciones y generalmente no tan útiles, porque los usuarios hacen clic en un botón como si fuera un "like" de Facebook. Los apoyos son, sin embargo, una buena muestra de tus habilidades en ciertos campos y un gran complemento a tu currículum. Si bien no se pueden solicitar, puedes editar tu perfil añadiendo y eliminando áreas de experiencia y controlando si deseas estar incluido en las sugerencias de apoyo para tus contactos.

Las recomendaciones, en tanto que un pequeño texto redactado por uno de tus contactos sobre tus puntos fuertes, añaden muchísima más credibilidad que un apoyo, especialmente si son las de antiguos jefes y colegas/clientes de alto nivel. Huelga decir que escribir una recomendación para alguien a quien respetas hace que sea probable que esa persona te devuelva el favor.

Evita estos fallos

En una situación de búsqueda de empleo, te conviene que cualquier persona pueda encontrarte. No cometas el error de activar la configuración de privacidad y haz que esté disponible para ir más allá en tu búsqueda de trabajo.

Si estás buscando activamente un empleo nuevo, actualiza tu perfil para refrescar la memoria de tus contactos. Comparte un artículo, añade cosas a tu portafolio, mejora tu *headline*. No tienes que hacer actualizaciones cada hora, pero necesitas generar cierto tráfico adicional de vez en cuando.

Por último, no utilices el mensaje predeterminado de LinkedIn cuando mandes solicitudes de contacto, especialmente si solo has conocido brevemente a la persona o si ha pasado tiempo desde que coincidisteis. Emplea unos minutos en redactar un mensaje personalizado con tu petición. Recuerda brevemente cómo os conocisteis y expresa tu interés en mantenerte en contacto.

Capítulo 3. La entrevista informal

Las entrevistas informales son sin lugar a dudas la manera más eficaz de conseguir una entrevista que te lleve al trabajo que te mereces. Después de todo, si la mayoría de la gente encuentra nuevos trabajos por *networking*, ¿no tiene sentido salir y conocer a más gente que pueda recomendarte? Con ello, conseguirás información valiosa, consejos y cierta práctica para hacer otras entrevistas. Ten muy presente no obstante que una entrevista informal es más una conversación de café que una entrevista de trabajo donde el objetivo es hacer contactos y aprender, no pedir trabajo.

Conseguir la entrevista informal

Primero, haz una lista de todas las personas de tu red. Incluye a antiguos colegas, amigos de amigos, compañeros de estudios, reclutadores. Inicia entonces el contacto por email (a menos que conozcas bien a los contactos). Comienza solicitando una breve reunión para pedir consejo a la persona respecto a las oportunidades de carrera en el sector. De nuevo: deja claro que tu meta no es pedir trabajo.

Si uno de tus amigos o contactos ha sido tu referencia, usa el nombre de esa persona en cuanto puedas, ya que es mucho más probable que se atienda una petición si comienza con un "nuestra amiga común, Luisa Guerrero, me sugirió que me pusiera en contacto con…". Sin embargo, no exageres tu conexión con la persona. Si Luisa es la prima de la ayudante del antiguo jefe de tu cuñada, no digas que sois muy amigos o es posible que algo salga mal. En cuanto a la logística, es más probable conseguir la cita si explicas que la reunión será corta (30 minutos o menos) y que estás dispuesto a quedar en el lugar y el momento que sea más conveniente para la otra persona.

En el correo, describe brevemente tu situación actual y explica por qué piensas que esa persona te puede ayudar. Demuestra que te has informado previamente y que no le vas a hacer perder tiempo. Aunque es posible que no te contesten rápidamente o que te digan que en ese momento están muy ocupadas pero que te llamarán, no te tomes estas respuestas como un rechazo o juicio hacia tu persona. Si alguien te dice que está demasiado ocupado, pregunta con educación cuándo puede ser un buen momento para contactar de nuevo. Si alguien no contesta después de dos semanas, envía una nota a modo de recordatorio. Si ya entonces no obtienes ninguna respuesta, olvídalo y prueba con otras personas.

Cómo prepararse para una entrevista informal

En primer lugar, estudia con antelación la empresa, la industria y el individuo con quien te vas a reunir. Prepara por lo menos cinco preguntas, pero que ninguna sea del tipo: "¿va a haber posiciones abiertas?", sino más bien: "¿qué te gusta más sobre tu trabajo y/o empresa?, ¿cuáles son los desafíos más grandes a los que haces frente en tu trabajo?, ¿cómo es un día típico en tu trabajo?" y, sobre todo, "¿conoces a otras personas que puedan ayudarme?"

Recuerda que se trata de una conversación. La persona que está contigo en la entrevista informal no está allí para juzgarte. Sin embargo, sacarás más partido a la cita si hablas de tu experiencia, puntos fuertes y objetivos de manera sucinta. Debes ser llano, mostrar simpatía y hablar de tus contactos en común, de las tendencias del sector y de las últimas películas que te han gustado. Pero no acabes hablando del idiota de tu ex-jefe, tus problemas matrimoniales o tu artritis. Es una reunión de negocios. Si tu nuevo contacto queda impresionado por tu currículum y no por tus chistes es más probable que piense en ti si se presenta una oportunidad.

No olvides vestirte como si fueras a una entrevista de trabajo, cualquiera que sea el *dress code* de la empresa. Es fundamental adoptar el aspecto de un candidato al que cualquier persona se sentiría cómodo recomendando en una entrevista de trabajo.

Por último, queda muy bien cerrar la entrevista proactivamente al cumplirse los 30 minutos y resumir qué pasos seguir, gente con la que contactar, lugares a los que ir, empresas sobre las que investigar… pero no presiones a tu interlocutor: muéstrate agradecido por los consejos e intenta devolver el favor ayudando a la persona de la manera que puedas.

La nota de agradecimiento

Asegúrate de enviar una nota de agradecimiento después de cada entrevista informativa. El email es lo mejor. La nota de agradecimiento debe sonar simple y sincera; no olvides añadir algunas líneas que reiteren tus puntos fuertes y objetivos. De este modo tu nuevo contacto lo tendrá más fácil para ayudarte si se presenta la oportunidad. Por ejemplo:

Estimado Roberto,

Muchas gracias por emplear tu tiempo en reunirte conmigo hoy para hablar sobre mi búsqueda de trabajo. Tu consejo ha sido de gran utilidad y ya me he inscrito en el grupo de Antiguos Alumnos como me recomendaste.

Gracias también por recomendarme hablar con tus amigos Pablo y Carolina, aunque por el momento no haya vacantes en su empresa.

Como hemos hablado, estoy buscando actualmente oportunidades de trabajo en el ámbito de la comercialización global de servicios financieros que me permita apalancar mis seis años de experiencia dirigiendo campañas de marketing para HSBC. Aprecio tu ofrecimiento de mantenerte alerta a oportunidades que puedan surgir.

De nuevo, si hay algo que pueda hacer para ayudarte, por favor no dudes en pedírmelo.

Espero verte en la próxima reunión de la promoción o en la siguiente fiesta de Patricia.

Saludos,

Carlos

Agregar a tu contacto a LinkedIn también queda muy bien. Si envías una invitación, incluye una nota personal que recuerde quién eres y solicita respetuosamente conectar.

Estimado Roberto,

Gracias otra vez por tu gran consejo durante nuestra charla. Me encantaría seguir en contacto vía LinkedIn.

Si tu nuevo contacto no acepta la invitación, no te lo tomes personalmente. Mucha gente no utiliza LinkedIn activamente o limita su círculo a los contactos más cercanos.

Hagas lo que hagas, no agobies a la persona con más emails o llamadas después de la reunión para no convertirte en una molestia.

Parte III. Prepara tu entrevista

Ya has actualizado tu perfil de LinkedIn y te has valido de tu red para concertar las primeras entrevistas informales, lo que te ha permitido descubrir un puesto que te interesa. Acabas de presentar tu solicitud y te han citado para una entrevista. Los siguientes capítulos te ayudarán a bordarla.

Capítulo 1. Investigación previa

¿Cómo puedes conseguir destacar entre tanta gente que busca trabajo? Estudiando. Estudiar o investigar a las empresas te puede ayudar a descubrir oportunidades ocultas y mejorar considerablemente tus probabilidades de sobresalir en la entrevista y de conseguir el trabajo. La clave es entender cómo llevar a cabo la investigación de la empresa y cómo utilizar la información que encuentres.

Investigar a la empresa puede ayudarte a encontrar los contactos adecuados para conseguir más entrevistas. Te ayudará además a entender cuáles son las principales empresas en tu campo de interés, qué empresas están contratando a más personal y qué tipos de trabajo están ofreciendo.

Llegado el momento de la entrevista, conocer muchos datos de la empresa y del sector reducirá tu ansiedad y te hará parecer más seguro ante tu entrevistador. Además, sabrás cómo responder a la pregunta infame: "¿Por qué quieres trabajar aquí?" de una manera que te haga parecer inteligente, interesante y bien informado. Por último, y no por ello menos importante, estarás preparado para tomar la decisión correcta sobre si una determinada empresa es o no un buen *fit* para tus objetivos profesionales y expectativas personales.

Investiga a la empresa

El mejor lugar para comenzar tu investigación y recopilación de información es la página web de la empresa. Visita la parte "Sobre nosotros" para obtener información de la empresa, sus productos o servicios, orígenes, líderes, personal clave y misión.

No te olvides de mirar si hay información relevante en la sección "Trabaja con nosotros". Algunas empresas tienen una página al respecto, mientras que otras esconden esta información hasta cierto punto. Muchas otras tienen un portal exclusivo para reclutamiento que a veces incluye nombres y direcciones de email de las personas que participan en el proceso de contratación.

La mayoría de las empresas tienen presencia en LinkedIn, así como una página de Facebook. Algunas son muy activas y tienen comentarios, tanto de empleados como de candidatos. Lee detenidamente la página de LinkedIn de la empresa para ver qué información puedes sacar, incluidos los nombres de las personas clave de la empresa (y con suerte, su información de contacto).

Saltarte el proceso de aplicación estándar puede ser una buena idea si quieres aplicar a una empresa que no mueva un gran volumen de candidatos. Para ello, busca contactos comunes a través de LinkedIn. Si tienes un contacto que trabaja para la empresa que te interesa (o que lo hizo en el pasado), podrías conseguir información de primera mano sobre los puestos y entrar en contacto para enviar tu currículum y carta de presentación.

Es importante que te tomes el tiempo necesario para estar al día en las tendencias y desarrollos del sector, sobre todo si eres nuevo en la industria. ¿Cómo investigar sobre los sectores que te son ajenos? Una buena idea es leer las últimas publicaciones de prensa especializada (la mayoría de sectores tiene su revista profesional), suscribirte en Google News a las noticias que aparezcan sobre la empresa y unirte a grupos relacionados con el sector en LinkedIn.

Investigar la cultura de la empresa es fundamental y juega un papel crucial en lo feliz que estés con tu trabajo. Glassdoor (aunque en España se utiliza poco) es un excelente recurso para aprender sobre ello, pues te ofrece la oportunidad de conocer lo que otros empleados opinan, salarios, consejos específicos para la entrevista, explicación de los beneficios y fotografías de las oficinas.

Entender la realidad financiera de las empresas con las que piensas trabajar te da una ventaja a la hora de negociar el salario y de decidir si ese sector o empresa es bueno para tus metas de futuro. El informe anual, si la empresa cotiza en bolsa, es un buen lugar para ello y responder algunas cuestiones básicas como cuánto tiempo lleva la empresa en el sector, la rentabilidad de los últimos años, si la empresa está contratando últimamente personal o ha pasado por un periodo de despidos, o incluso si se ha fusionado con otra empresa o parece que vaya a hacerlo, lo que podría dar lugar a despidos durante el proceso de reestructuración.

Investiga a los entrevistadores

Es fundamental saber con quién te la juegas. Asegúrate de pedir a la persona de Recursos Humanos que organiza tu *loop* de entrevistas el nombre de los entrevistadores. A partir de ahí, consulta su perfil de LinkedIn, la información que pueda recoger la página web y las publicaciones que esa persona pueda haber hecho a lo largo de su carrera. No está demás tampoco consultar su perfil de Twitter, ya que no deja "rastro" y te permite encontrar algunos puntos en común, personal y profesionalmente, hacerte una idea de la personalidad de tu entrevistador, los aspectos del sector que son más interesantes para él, etcétera.

Recuerda que tu objetivo en una entrevista es ser "memorable". Investigar a la persona que lleva a cabo la entrevista te permite, por una parte, averiguar en qué se especializa esa persona y así utilizar la entrevista como una oportunidad para mostrar tu experiencia y conocimiento en ese campo y, por otra parte, identificar un punto de conexión personal fuera del trabajo para "relajar" la atmósfera de la entrevista (podría ser cualquier cosa, desde la pesca en mar abierto a tener un interés por un grupo musical oscuro). Lógicamente, no seas demasiado personal: te conviene parecer alguien que se ha preparado la entrevista y conecta de manera auténtica con el entrevistador, pero no un acosador.

Reflexiona sobre lo investigado

Una vez que hayas encontrado información concreta sobre la empresa para la que te vas a entrevistar, es hora de reflexionar sobre lo que has descubierto y compararlo con las metas que te habías fijado para tu carrera. Por ejemplo, ¿qué parece que la empresa valora más y qué valoras tú más? ¿Liderazgo? ¿Trabajo en equipo? ¿Juventud? Esta información puede ayudarte a preparar una respuesta inteligente y veraz a la inevitable pregunta ¿por qué está usted interesado en trabajar con nosotros? (o una de sus muchas variantes), pero lo más importante es que sabrás si realmente es la empresa adecuada para ti. Más allá de las preguntas anteriores, también tendrás que tener en cuenta el ambiente de trabajo, el código de vestimenta, la posibilidad de promoción interna, la posibilidad de conciliación con la vida personal y familiar… Adicionalmente, es clave pensar si este nuevo trabajo será un paso adelante en tu carrera en forma de nuevas oportunidades o por el contrario te encasillará en algo que puede ser apasionante por una temporada, pero demasiado especifico a medio o largo plazo.

Tu futuro jefe

Aunque aún no te has entrevistado es bueno que vayas pensando si la persona que sería tu jefe es alguien del que podrías aprender y al que te querrías parecer. Vacilar ante una de estas dos cuestiones te puede poner en dificultades una vez comenzado el trabajo. La experiencia me ha ensenado que, por encima del sueldo y otras consideraciones, conocer en profundidad a tu futuro jefe es crítico para poder tomar una decisión correcta sobre tu futuro.

Capítulo 2. Análisis de la descripción del puesto

Una revisión cuidadosa de la descripción del puesto te dirá mucho sobre lo que la empresa está buscando y, por tanto, sobre las preguntas que te harán en la entrevista. Lee la descripción del trabajo y subraya todas las habilidades, experiencia y competencias mencionadas. Las descripciones más completas incluyen una lista de responsabilidades y una lista de calificaciones y requisitos. Estas aparecen generalmente en orden de importancia. Cuando revises la información subrayada por segunda vez, presta especial atención a las palabras que se repitan: probablemente son importantes y te preguntarán por tu experiencia en estas áreas. Veamos a continuación un ejemplo de descripción del puesto. Si estuvieras haciendo la entrevista para este trabajo, ¿qué temas prepararías para tratar en detalle?

Vicepresidente de Marketing, Franquicia de deportes profesional

El vicepresidente de marketing jugará un papel central en el desarrollo y comercialización de todos los programas de venta de entradas.

Responsabilidades:

- *Gestionar la implementación de iniciativas en departamentos de marketing para gestionar la venta de entradas*

- *Gestión y seguimiento del presupuesto de marketing*

- *Ser el contacto clave en el día a día para otros departamentos*

- Crear y presentar informes diarios sobre venta de entradas al resto de directivos de la empresa.

- Supervisar el alcance de las operaciones del equipo

Cualificaciones:

- Grado en marketing o publicidad (MBA es un plus)

- Un mínimo de siete años de experiencia en marketing de deportes o entretenimiento

- Experiencia demostrada en optimización de venta de entradas a través de acciones promocionales creativas

- Conocimientos de gestión de presupuestos, desarrollo creativo y planificación de eventos

- Debe estar motivado, comprometido y ser muy eficiente en la realización de tareas en paralelo

Análisis de la descripción del puesto

Como es lógico, tendrás que hablar de tu experiencia en marketing, especialmente en lo que se refiere a deportes, entretenimiento y gestión de la venta de entradas. Si careces de experiencia en estas áreas, apóyate en tu experiencia "transferible", es decir, en aquellas experiencias previas que puedan ser comparables en complejidad y alcance con lo que desarrollarías en tu nuevo trabajo.

Analiza bien la sección de tareas y responsabilidades. ¿Qué tareas y habilidades se acentúan? En este caso, parece que la capacidad de comunicación será importante, ya que la descripción dice que debes ser capaz de coordinar tareas entre departamentos, ser la persona de contacto en los proyectos y alinearte con eficacia con el grupo de operaciones del equipo. Por ello, es bastante posible que te pregunten por tus experiencias de trabajo en equipo, tu capacidad para gestionar personas, si te sientes cómodo tratando con altos directivos y tus habilidades de comunicación escrita y verbal. También verás que la gestión de presupuestos es el segundo gran tema. Prepara ejemplos donde hayas desarrollado esa actividad concreta.

En cuanto a las cualificaciones que se solicitan, probablemente se te pedirá que aportes datos y ejemplos para demostrar cómo cumples con cada una de ellas. Si te falta alguno de estos requisitos, tendrás que explicar por qué te sientes capacitado para este trabajo a pesar de la falta de ese componente, lo que te ayudará a entender cuáles son tus puntos fuertes a destacar.

Piensa sobre lo que te hace apto para el puesto específico. ¿Qué proyectos anteriores muestran con más efectividad tu habilidad para tener éxito en este puesto? ¿Qué cualidades te hacen destacar como candidato? ¿Tienes una combinación de habilidades difícil de encontrar? Cada trabajo es diferente. Verás variaciones incluso entre los puestos del mismo título en el mismo sector.

Y, sobre todo, no asumas que sabes de qué va el trabajo. Analiza cuidadosamente la descripción del trabajo y evitarás sorpresas desagradables además de maximizar tus posibilidades de éxito en la entrevista.

Anticipación de las posibles preguntas

Una vez que hayas analizado la descripción del puesto y entiendas las competencias claves, puedes anticipar la mayoría de las preguntas a las que te enfrentarás en la entrevista. Para hacerlo, sin embargo, debes aprender a pensar desde la perspectiva del entrevistador. Es su trabajo ayudar a encontrar a un candidato adecuado para este puesto. Contratar a la persona adecuada hará que su trabajo (y por lo tanto su vida) sea más fácil y le hará quedar bien ante sus jefes. Así que, ¿qué necesita el entrevistador saber para llegar a la conclusión de que eres el mejor candidato que tiene sobre su mesa? En general, necesitará despejar cualquier duda en torno a las siguientes tres cuestiones sobre ti:

- ¿Estás cualificado para hacer bien el trabajo? Como mínimo, debes tener la experiencia y capacitación para llevar a cabo las tareas diarias del puesto. No basta con tener un currículum impresionante, ya que muchos currículums están exagerados o incluso falsificados. Tu entrevistador querrá verificar tus antecedentes, tener más datos e identificar posibles lagunas. Recuerda que es probable que te evalúen en comparación con un número de candidatos fuertes o con la plantilla existente. Más allá de los requisitos mínimos, el entrevistador buscará lo que te hace diferente y cómo puedes contribuir para este puesto específico y mejorar al equipo actual.

- ¿Eres apropiado para el puesto? El entrevistador también quiere tener una idea de tu manera de trabajar, tu personalidad y entender tu compatibilidad con la cultura de la empresa, el ambiente de trabajo y otras cuestiones del departamento. Si consigues el puesto, tu entrevistador probablemente trabajará estrechamente contigo. Parte de su decisión habrá tenido que ver con preguntarse a sí mismo, "¿me veo trabajando hasta tarde y bajo presión con esta persona?". En algunos casos, el entrevistador también se estará preguntando egoístamente, "¿esta persona va a destacar por encima de mí?". Puede que dude en contratar a alguien que pudiera hacerle la competencia a la hora de conseguir un aumento de sueldo o un ascenso en la empresa. Debes demostrar que te gusta ser parte de un equipo y que no tienes demasiada prisa por ser ascendido o en quitarle el trabajo a tu jefe.

- ¿Es arriesgado contratarte? El entrevistador sabe que una mala contratación pondrá en cuestión sus habilidades directivas. Si te contrata y no funcionas bien, tendrá que solucionarlo o afrontar las consecuencias. Al mismo tiempo, tu entrevistador necesita asegurarse de que estás realmente interesado en este trabajo para que el tiempo y dinero que la empresa invierte en ti no caiga en saco roto. Si das la impresión de considerarte demasiado cualificado, o de no ver una carrera a largo plazo en la empresa, causarás la impresión de que te vas a ir de la empresa en cuanto surja una mejor oportunidad. Por último, tu entrevistador querrá saber si eres una persona íntegra, si eres un empleado de fiar, si te han echado alguna vez o si has causado conflictos en puestos anteriores. En todo caso, se transparente y explica con franqueza cualquier episodio desagradable del pasado. Seguro que tienes una buena respuesta.

Capítulo 3. Tipos de entrevista de trabajo

La entrevista de trabajo tradicional se lleva a cabo generalmente en persona, con un entrevistador, en las oficinas del empleador. Sin embargo, hay otros tipos de escenarios de entrevista cada vez más habituales, tanto en formato como en protagonistas. Comencemos analizando las etapas de una entrevista "al uso" y las distintas personas que pueden participar en ella por parte de la empresa:

- Repaso del CV: generalmente consiste en el repaso del currículo del candidato, búsqueda de puntos comunes, identificación de amigos/conocidos en la compañía, etc. La primera dimensión (vuelve a repasar la Introducción a este libro), "¿eres de los míos?", es la que rige pero sin duda es un momento ideal para sentar las bases del "qué me aportas" y dar indicios de liderazgo, de manera que el candidato debe posicionarse para dejar claro qué ha aprendido a lo largo de su carrera ("qué me aportas") y qué abanico de experiencias interesantes ha vivido para invitar al entrevistador a preguntar por ejemplos de liderazgo concretos que puedan definir el encaje a largo plazo. La duración estimada es de unos 15 minutos.

- Núcleo de la prueba: es la parte más importante de la entrevista, dura unos 20 minutos y suele tener tres formatos en función de la empresa, que en muchos casos se combinan entre sí, aunque con distintos pesos:

- o Caso práctico de negocios o prueba analítica, habitual en las empresas de servicios profesionales (foco en la segunda dimensión: "¿nos aportas capacidad analítica?").

- o Desarrollo de ejemplos de liderazgo, habitual en las empresas tecnológicas/multinacionales, siempre en combinación con la anterior (foco en la tercera dimensión: "¿eres un líder?").

- o Preguntas capciosas, habituales en empresas menos sofisticadas y por tanto menos efectivas a la hora de seleccionar su talento, pero igualmente importantes por la frecuencia con que aparecen: "dime tres cosas malas de ti", "cuál fue la última vez que tuviste miedo", "cómo me venderías este boli", etc. Se trata de preguntas donde el reclutador está altamente sesgado y busca confirmar/descartar sus propias opiniones personales. No por ser una técnica altamente ineficaz podemos dejar de hablar de ella.

Por su creciente implantación en las empresas actuales y por la mayor abundancia de literatura sobre el método del caso, la mayor parte de este libro se centrará en el desarrollo de ejemplos de liderazgo.

- Preguntas finales: última parte del proceso donde el candidato puede aprovechar para despejar dudas en relación con el puesto, el equipo o la empresa, y el reclutador puede incidir en alguna cuestión adicional sobre la disponibilidad del candidato o algún detalle práctico habitual, incluido el sueldo. La duración suele ser de 10 minutos y es fundamental que el candidato tome la iniciativa y llene el espacio para demostrar interés y energía. Los capítulos finales del libro contienen buenos ejemplos de preguntas para esta etapa, donde es fundamental ser consciente del impacto causado en relación al primer sesgo (¿eres de los míos?) de cara a matizar algún comentario desafortunado o seguir alimentando una posible conexión con el reclutador.

A lo largo del proceso de entrevistas, es probable que te reúnas con varias personas, en distintos roles dentro de la empresa, que tienen diferentes criterios para determinar a quién contratar. Por ello, es fundamental entender las diferencias:

- El reclutador externo: un reclutador externo quiere asegurarse de que vale la pena enviarte a conocer a su cliente. Si arruinas la entrevista, el reclutador queda mal y esto puede poner en peligro futuras asignaciones de contratación y los ingresos del reclutador. El reclutador solo gana dinero si te contratan, así que quiere que lo hagas bien. No tengas miedo de hacerle preguntas al reclutador externo para entender mejor la descripción del trabajo y lo que la empresa está buscando.

- Recursos Humanos: el reclutador interno de la empresa o el responsable de recursos humanos actúa generalmente como filtro. ¿Vale la pena que este candidato en particular se reúna con el *hiring manager*? Quiere asegurarse de que cumples con la formación y requisitos mínimos y que no hay posibles aspectos de tu formación que te descalifiquen para el puesto. Su trabajo consiste en elegir posibles ganadores y no quiere perder el tiempo, el suyo o el de sus colegas. Una vez esta persona te ha entrevistado y ha aprobado que conozcas a otros, podrá ser un contacto valioso y tu principal recurso para hacer preguntas y hacerle seguimiento a tu solicitud.

- Tu posible nuevo jefe: el *hiring manager* será tu jefe si asumes el puesto y es probable que sea el principal encargado de tomar decisiones sobre quién es contratado. Este entrevistador se centrará en contratar a alguien que pueda hacer su vida más fácil, alguien que pueda cumplir con sus plazos, entregar un trabajo de calidad, llevarse bien con el equipo y que lo haga quedar bien con sus jefes. Naturalmente, quiere a alguien cualificado para hacer el trabajo. Pero también se estará preguntando: ¿Se ve a sí mismo trabajando bien contigo? ¿Eres de fiar y honesto? ¿Vas a quedarte y a trabajar bien si se toma el tiempo de contratarte y darte formación?

- El jefe de tu posible nuevo jefe: si te invitan a conocer al jefe del *hiring manager*, sabrás que vas bien, pero recuerda que tendrá un voto importante en el proceso. Sus preguntas probablemente serán similares a las de tu futuro jefe, tal vez un poco más generales.

- Un posible miembro de tu equipo: es posible que se te pida que conozcas a un posible reporte directo, alguien que trabajará para ti si eres contratado. El objetivo aquí es asegurarse de que no haya conflictos de personalidad obvios. Este tipo de reunión puede ser difícil si el entrevistador siente que han pasado por alto a su persona para el trabajo o si tiene una fuerte lealtad hacia otro candidato. Concéntrate en construir una relación y mostrar respeto por el equipo actual.

- Otros potenciales compañeros: es habitual incluir a gerentes y compañeros de otros equipos y departamentos. Si a estas personas se les ha pedido que participen en el proceso de entrevista, es probable que vayas a trabajar estrechamente con ellas. Tal vez representen a clientes internos o colaboradores frecuentes. ¿Pueden llevarse bien contigo? ¿Pueden contar contigo para que les entregues lo que ellos necesitan?

Entrevistas telefónicas

Las entrevistas telefónicas se utilizan generalmente para filtrar candidatos al principio del proceso, aunque a veces se contrata a alguien a partir de una entrevista telefónica. En general, las empresas y los reclutadores dependen de entrevistas telefónicas para identificar candidatos adecuados y eliminar a los solicitantes no cualificados, especialmente cuando el candidato y el entrevistador se encuentran en diferentes ciudades. Con muchas empresas, para lograr ser invitado a una entrevista en persona, debes primero hacerlo bien por teléfono.

Algunos candidatos piensan que una entrevista por teléfono es más fácil y menos estresante que una reunión cara a cara, ya que pueden concentrarse en sus respuestas y no preocuparse por su presencia física. Para otros, la entrevista telefónica les obliga a trabajar sin el beneficio del contacto visual y el lenguaje corporal que les ayuda a entenderse con el entrevistador. En cualquier caso, es importante tratar una entrevista telefónica tan seriamente como lo harías con una entrevista en persona. Por ello:

- Selecciona un momento en el que no vayas a ser interrumpido y encuentra un lugar tranquilo, lejos de bebés que lloran, perros que ladran y el sonido lejano de la televisión. Desactiva timbres, alarmas y alertas en tus aparatos; cierra tu correo electrónico y evita otras distracciones. Planea usar una línea fija para asegurarte de que la mala recepción del teléfono móvil no sea un factor de riesgo.

- Mantente centrado en la conversación. Organiza todos los documentos que necesitarás a tu alcance: currículum, notas, descripción del trabajo. También puedes tener tu historial de entrevistas y tu lista de puntos fuertes y logros a mano como referencia. Uno de los beneficios de una entrevista telefónica es que puedes revisar tus notas sin que el entrevistador se dé cuenta.

- Enuncia, mantén tus respuestas cortas y no tengas miedo de las pausas. Debido a que no puedes ver a tu entrevistador, puede ser más difícil descifrar cómo está respondiendo. Muchos entrevistados comienzan a balbucear para compensar. No lo hagas. A menudo, una pausa solo significa que el entrevistador está haciendo una nota, buscando tu próxima pregunta o haciéndole señas a un colega fuera de su oficina. Si la pausa continúa, es perfectamente correcto preguntar algo como: "¿Puedo proporcionar más detalles sobre ese punto?"

- Sonríe y gesticula como si estuvieras hablando con alguien cara a cara. Esto ayudará a infundir energía y personalidad en tu voz, que es la única cosa que tu entrevistador realmente tiene para juzgarte en este momento. Vístete profesionalmente para la ocasión y asegúrate de que estás mentalmente en modo de entrevista.

- No interrumpas preguntas u observaciones, emplea técnicas de escucha activa, diciendo, por ejemplo, "claro" durante las pausas y ofreciendo breves agradecimientos a los comentarios.

- Asegúrate de que tu saludo de buzón de voz es profesional y adecuado si deseas dar la impresión correcta cuando te llamen para la entrevista y tengas la mala suerte de que salte el contestador. Ocurre.

Entrevistas uno a uno, cara a cara

La mayoría de tus entrevistas de trabajo serán conversaciones en persona: solo tú y tu entrevistador en su oficina o en una sala de conferencias. A menudo, se te pedirá reunirte por separado con múltiples entrevistadores durante una sola visita a las oficinas de la empresa, el conocido *loop*. Esto es una buena señal de que vale la pena invertir el tiempo de varias personas de la compañía. Es importante prepararse para cada una de las entrevistas programadas. Averigua todo lo que puedas sobre cada uno de los entrevistadores y el orden de las reuniones. Tu reclutador o contacto de recursos humanos debe ser capaz de proporcionarte algo de información.

Aunque en los siguientes módulos vas a aprender a prepararte para bordar la entrevista cara a cara, comentemos algunos principios esenciales para pasar un *loop*:

- Recuerda que debes adaptar tus respuestas a cada entrevistador. Trata de entender el papel de cada entrevistador en el proceso de contratación y la perspectiva que debes proyectar para cubrir el puesto.

- No tengas miedo a repetir tus ejemplos. Cada entrevista es una nueva conversación. No te olvides de puntos importantes solo porque ya los has dicho en otro sitio. Ten en cuenta que tendrás que presentar tus principales logros y puntos fuertes a cada uno de los entrevistadores.

- Haz un esfuerzo por parecer una persona con energía. Levántate y estira las piernas entre las sesiones. No tengas miedo de pedir un vaso de agua o un descanso para ir al baño. Si una reunión no va bien, acéptalo y prepara la siguiente. No vas a gustar a todo el mundo, pero todavía puedes obtener el trabajo si te ganas a la mayoría de las personas involucradas en el proceso de contratación.

- Asume que puede haber cambios en los horarios de las entrevistas. Un entrevistador puede estar inesperadamente no disponible o puede ir con retraso. Si un nuevo entrevistador se añade de repente al horario, eso es señal de que las cosas van bien y la empresa quiere tener reuniones con tantos responsables de tomar decisiones sea posible mientras estás allí.

Entrevistas por videoconferencia

Cada vez es más habitual que la videoconferencia sustituya al teléfono en las primeras rondas de entrevista. El vídeo permite una interacción más completa al entrevistar a los solicitantes, pero también es necesario que los candidatos tengan acceso a una cámara web y a un programa como Skype.

Es común que la entrevista por vídeo pueda parecer más estresante que una cara a cara porque no hay contacto personal, a pesar de que se trata de una imagen y voz en tiempo real. Tampoco tienes la ventaja de poder leer y consultar notas y guiones fácilmente (y de forma invisible) como en una entrevista telefónica.

Ante todo, prepárate para tu entrevista de vídeo como lo harías para una entrevista cara a cara. Vístete como si fueras a las oficinas de la empresa. Prueba tu webcam y servicio de videoconferencia con mucha antelación a tu entrevista. Asegúrate de que has instalado cualquier software necesario y ejecuta todo el proceso de hacer y/o contestar una llamada de videoconferencia con un amigo. Esto te permitirá estar cómodo con la interfaz y asegurarte de que tu cámara web, micrófono y auriculares o altavoces funcionen. Un auricular simple puede ser una inversión que vale la pena si no tienes uno. Asegúrate de tener una conexión a Internet estable y veloz. Ten el número de teléfono del entrevistador cerca por si hubiera alguna dificultad técnica en cualquier momento de la entrevista.

Encuentra un lugar privado para realizar la entrevista, idealmente una habitación con una puerta que se pueda cerrar con pestillo. Elije una ubicación con un fondo neutro y sin estridencias; a continuación, enciende tu cámara web para ver cómo te verá el entrevistador. Puedes ajustar tu webcam para encontrar el ángulo y la distancia con la que te sientas más cómodo. Apaga otras aplicaciones y cualquier alarma, timbre o sonido. Además, evita arrastrar papeles o ruidos innecesarios con los pies. Dispón tu currículum, notas y otros materiales de consulta fuera del plano, pero a una distancia suficientemente corta como para poder consultarlos con discreción.

El contacto visual es un poco diferente a través de videoconferencia, ya que ésta utiliza un formato de imagen sobre imagen para que puedas ver tanto tu propia imagen como la de tu entrevistador. Intenta colocar la ventana de manera tal que la imagen de tu entrevistador esté cerca de tu webcam. De este modo, puedes hacer un contacto visual bastante natural con la imagen de tu entrevistador mientras miras también a la cámara. Como resultado, parecerá que estás mirando directamente al entrevistador desde tu pantalla. Si esto no es técnicamente posible, practica mirar a la cámara web cuando hablas, aunque te parezca un poco incómodo.

Entrevista tipo tribunal

La entrevista con tribunal puede ser la más intimidante porque sabes que los entrevistadores te superan en número. Aunque puede haber algún tipo de plan para hacerte confundir y ver cómo respondes bajo presión, el interés colectivo del tribunal es contratar a la mejor persona para el trabajo. Te bombardearán con preguntas de cada miembro del tribunal, cada una de acuerdo a los intereses y del entrevistador. En general, y sin importar cuánto te hayas preparado, tu objetivo es ser la opción de consenso, ya que no vas a ser el candidato favorito de todos.

¿Quién estará en el tribunal? El jefe o superior inmediato del departamento va a estar allí, probablemente con su jefe. Un alto ejecutivo, posiblemente incluso el CEO, puede participar. También puede acudir alguien senior de recursos humanos además de representantes de otros departamentos o divisiones que trabajarán estrechamente contigo si te contratan. Si el puesto es alto, podría estar presente un compañero a un nivel ejecutivo comparable a la posición ofrecida.

Recuerda mantener el contacto visual con la persona que hace la pregunta, moviendo la mirada por la habitación periódicamente como una lente de cámara panorámica y conectando con los demás mientras respondes. Aunque las preguntas pueden ser rápidas, no dejes que te confundan. Enuncia y mantén tu propio ritmo, haz una pausa para procesar y dar respuestas según sea necesario.

Tu investigación previa a la entrevista es aún más crítica cuando te preparas para una entrevista tipo tribunal. Pregunta quién participará cuando la entrevista se programe y averigua todo lo que puedas sobre sus antecedentes y roles actuales. Esto te ayudará a entender quién puede preguntar qué y cómo puedes ser capaz de encontrar un terreno común con cada uno. Recordar nombres es importante, por eso aprovecha las presentaciones para decir el nombre de cada entrevistador cuando se dan la mano y hacer un contacto visual inicial. Esto te ayudará a grabar sus nombres cuando comiencen las preguntas. Recordar cada nombre es particularmente crítico al final de la entrevista, cuando se da las gracias a cada entrevistador por su nombre con un apretón de manos.

Dinámica de grupo o "assessment center"

En una dinámica de grupo, varios candidatos se reúnen para realizar un ejercicio. A menudo, se trata de un estudio de caso o escenario hipotético para analizar. En ocasiones, las entrevistas en grupo también pueden contener presentaciones en equipo e incluso la construcción de Legos.

Estas entrevistas están diseñadas para evaluar cómo se trabaja en equipo y/o situación competitiva, por lo que serás observado y evaluado durante el ejercicio y luego entrevistado sobre tu experiencia, ya sea individualmente o en la misma dinámica de grupo. Antes que nada, analiza la descripción del trabajo para entender los requisitos más importantes. Demuestra las cualidades enfatizadas en la descripción del trabajo al realizar tu tarea de grupo. Si el trabajo exige habilidades de liderazgo, asume un papel de liderazgo en la tarea. Si el puesto requiere capacidades de resolución de conflictos, muestra tus habilidades como mediador. En cualquier caso, no dudes en participar. Una entrevista en grupo puede parecer poco natural, pero haz todo lo posible para mostrar lo que puedes hacer. Si eres reservado puedes pasar desapercibido. Eso no significa que debes tratar de dominar el grupo, pero debes, por supuesto, tener un papel activo.

Por lo general, se te preguntará por la experiencia de grupo en general, tu papel y las contribuciones de tus compañeros de equipo. Muestra tu capacidad de análisis evaluando cuidadosamente lo que salió bien y lo que podría haber salido mejor. Da respuestas positivas y evita las críticas personales de los miembros del equipo.

Capítulo 4. El valor de tus historias

¿Quieres sobresalir y resultar interesante en tu entrevista de trabajo? Cuéntales una buena historia. Los seres humanos hemos consumido historias desde los tiempos de las cavernas, desde pinturas rupestres a la última superproducción de Hollywood. Todos somos mucho más capaces de responder y recordar la información cuando se presenta en forma de una historia.

Las mejores historias tienen protagonistas que gustan, un héroe con el que los espectadores conectan, diversos obstáculos a superar y finales felices. Una buena historia mostrará tus puntos fuertes, revelará un poco de tu personalidad y te ayudará a empatizar con el entrevistador. Y no tienes que ser Cervantes para contar buenas historias. El conocido enfoque STAR proporciona la plantilla para el desarrollo de la historia que pone de relieve la información que buscan los entrevistadores. Veamos en qué consiste este *framework*.

El enfoque STAR

Situación y **T**area: en primer lugar, describe brevemente una situación, reto, problema o meta. Necesitarás dar bastantes datos para proporcionar un contexto y una descripción clara de lo que estabas tratando de lograr y por qué.

Acción o enfoque: a continuación, describe las acciones que emprendiste para abordar la situación anterior y la tarea. Muestra tu manera de pensar y enfoque, y menciona tus habilidades relevantes o métodos utilizados. Resalta los obstáculos superados y tu creatividad a la hora de proporcionar soluciones.

Resultado: recuerda que todas las buenas historias tienen un final feliz. Describe cualquier resultado tangible y cuantificable o *feedback* que hayas recibido de clientes, jefes, compañeros de trabajo. Habla sobre las lecciones aprendidas y cómo aplicarlas.

Veamos un ejemplo STAR para ver a qué nos estamos refiriendo:

- **S**ituación y **T**area: en mi trabajo actual como auxiliar de contabilidad, apoyo a mi jefe con la cuenta de exportaciones, que ha tenido 2 millones en ingresos este año. Últimamente, mi jefe viajaba mucho y recibí una llamada frenética de Carolina, nuestro agente en Brasil, que no era capaz de iniciar sesión en nuestro sistema de informes y necesitaba uno al final del día. Era un viernes a las 15:00 y mi jefe estaba en un avión camino a Londres. Carolina se enfadó mucho al oír que mi jefe no estaba disponible y yo sabía que tenía que encontrar la manera de ayudarle o las cosas podrían ponerse feas.

- **A**cción o enfoque: lo primero que hice fue pedir disculpas a Carolina por las molestias. Dejé que se desahogara un poco y le aseguré que haría lo que fuera humanamente posible para resolver el problema. Llamé a nuestro "Help Desk", pero el técnico me dijo que tendría que poner este problema a la cola porque estaba muy ocupado. Así que decidí ir a esperar fuera de la oficina de nuestro director de atención al cliente, el jefe del técnico, hasta que pudiera verme. Entonces pude explicarle la situación y hacerle entender lo importante que era para que nosotros encontrar una solución tan pronto como fuera posible para nuestro cliente número 1. Luego concerté cita para una conferencia telefónica entre Carolina y nuestro director de atención al cliente y, trabajando juntos, fuimos capaces de identificar la causa del problema, que tenía relación con la configuración de seguridad de la compañía de Carolina.

• **R**esultado: cambiamos la configuración mientras estábamos al teléfono y Carolina fue entonces capaz de sacar su informe y entregar el trabajo dentro del plazo. Ese mismo día, más tarde, Carolina envió un email en el que me elogiaba por mi trabajo, con copia a mi jefe y al CEO de nuestra empresa. Carolina decía que le había salvado el día con mi perseverancia y mi trato al cliente. Nuestro CEO me llamó para felicitarme por mi manera rápida de actuar y me animó a seguir haciendo tan buen trabajo.

Preparando tus historias de entrevista STAR

Las buenas entrevistas requieren una preparación por adelantado y práctica, mucha práctica. Es muy difícil que se te ocurra una gran historia por las buenas en una entrevista, cuando estás bajo presión y en un ambiente desconocido. Por eso vale la pena que inviertas tiempo para escribir tus historias. El proceso de escribir historias te ayudará a aclarar los puntos a tratar y puede incluso ayudarte a recordar detalles que se te hayan olvidado. Puedes escribir la historia entera o simplemente hacer un esquema con los puntos para cada una de las secciones STAR. En cualquier caso, no deberías memorizar estas historias, pues no te interesa sonar como un robot o parecer falso y sobreactuado. La idea es definir los componentes clave de la historia, y luego practicar hasta que te sientas cómodo con los puntos. Lo ideal es que cada vez que cuentes una historia te salga un poco diferente, pero que siempre cubras los detalles importantes.

Cada candidato debería desarrollar y practicar por lo menos 3 historias buenas para la entrevista. Consigue *feedback* de amigos de confianza o incluso de un *coach* para saber qué historias son más eficaces. Las historias funcionan muy bien para responder preguntas sobre experiencias en trabajos anteriores, por ejemplo: "háblame sobre una vez en que tuvieras que resolver un problema difícil", "dame un ejemplo sobre cómo has enfocado tu liderazgo", "describe una situación en la que hayas tenido que trabajar bajo presión".

Piensa en qué competencias o áreas de especialización es probable que sean más relevantes para el trabajo al que te presentas y crea historias para resaltar tu experiencia que mejor se adapte. También puedes desarrollar historias STAR para describir tus mayores logros. Un buen ejemplo es el MBA: no es lo mismo decir que tienes un MBA que contar cómo conseguiste el MBA mientras simultáneamente llevabas tu departamento a su mayor año de ventas.

A menudo, una sola historia se puede adaptar para responder a diferentes preguntas. Contar cómo has invertido un día en un proyecto reciente podría demostrar tu ética de trabajo, creatividad, calma bajo presión o habilidad de negociación. Podrías hablar sobre el mismo proyecto en dos entrevistas distintas, pero centrándote en la atención al cliente en una y en la innovación en la otra.

Recuerda evitar la negatividad o lloriquear y culpar a los demás. Acentúa lo positivo y las lecciones aprendidas. No seas tímido con el final feliz. Proporciona cifras específicas si puedes (por ejemplo, aumento de ventas en un 10%, ahorrar a la empresa 50.000 euros, formar a 400 empleados en 30 días). Si no tienes cifras llamativas, menciona los comentarios positivos de los demás.

Ante todo, practica

Sí, la práctica realmente hace que tus historias salgan mejor en las entrevistas de trabajo. La mayoría de la gente no tiene mucha experiencia en hablar sobre sus puntos fuertes, débiles, triunfos y fracasos con un completo desconocido. Muchos candidatos de trabajo se sienten incómodos "vendiéndose". Otros tienen tendencia a ponerse nerviosos y se quedan paralizados o dicen alguna inconveniencia. Sin embargo, la mayoría de los candidatos no se toman el tiempo para practicar lo necesario, pues tal vez se sientan incómodos hablando frente al espejo o pidiendo a un amigo que les escuche. La práctica conduce a tener más confianza, menos nerviosismo y la capacidad de estar cómodo y ser auténtico durante la entrevista. Cuando esto se combina con un *feedback* objetivo sobre tus historias y ejemplos, estarás muy cerca de bordar la entrevista y conseguir el trabajo que te mereces.

Parte IV. Borda tu entrevista

Quedan pocos días para la entrevista. Has analizado detalladamente la descripción del puesto de trabajo y tienes grandes historias que contar utilizando el formato STAR. Has pensado que ropa ponerte y…

Capítulo 1. La semana de la entrevista

Supera el nerviosismo

Es normal estar nervioso. Para empezar, hay una persona que tiene el control de la situación, y no eres tú. El miedo de quedar mal ante la empresa que te ha invitado y ante el resto de los tuyos (tu familia, tu pareja saben que te vas a entrevistar) te puede robar el sueño días antes del día clave.

La práctica es la mejor manera de superar el nerviosismo, pero también hay que tener en cuenta que estar un poco inquieto en una situación agotadora es bueno. Si te entrenas bien, la preparación conduce a la confianza y la confianza puede hacerte sentir que tienes el control y hacerte desear que llegue el día de la entrevista. Cierta cantidad de nerviosismo y de expectación es sana, y puede hacerte estar más agudo y acertado. La confianza y la sensación de estar listo para lo que viene te ayuda a centrarte y canalizar los nervios en energía positiva.

No importa lo desesperado que estés por conseguir el trabajo, recuerda que este proceso también es parte de una experiencia de aprendizaje que te hará mejor persona y mejor candidato a largo plazo. El miedo al fracaso no es un factor de tanto peso cuando vemos las cosas con esta perspectiva. Recuerda que estás allí porque hay algo en tu currículum que ha hecho que transmitas una impresión positiva y por eso has llegado hasta la entrevista. Por otra parte, la sensación de saber que la otra persona tiene el control puede contrarrestarse al recordar que tú también estás entrevistando al entrevistador.

Por último, recuerda que el nerviosismo puede hacerte hablar más deprisa y acelerar tu lenguaje corporal. Tómatelo con calma y no tengas miedo de hacer pausas un poco dramáticas durante la entrevista para recobrar el aliento y la compostura.

Últimos preparativos

Lee y analiza la descripción de las funciones y repasa por última vez las notas que tomaste investigando a la empresa, a modo de recordatorio. Pule tu currículum en caso de que el que hayas enviado no sea la última versión y lleva cuatro o cinco copias de ésta a la entrevista. Incluso aunque tus entrevistadores tuvieran la versión vieja delante de ellos, lo normal es que se muestren abiertos a ver una versión actualizada. Cerciórate de que las versiones no se contradigan.

Si te han pedido preparar algo (por ejemplo, un cuestionario, presentación o lista de recomendaciones), tómate el tiempo que haga falta para presentar tu trabajo con profesionalidad. Si tu trabajo es creativo o científico, deberías llevar muestras relevantes de tu trabajo previo. Si no tienes un *portfolio* que mostrar, puedes preparar una carpeta para dejársela al entrevistador e incluir una copia de tu currículum y cualquier carta de referencia, lo que sin duda reforzará tu interés en el puesto.

Ensaya una entrevista de prueba unos días antes pero nunca el día previo, a poder ser en vídeo. Compártelo con alguien de confianza para que te proporcione *feedback* e ideas para mejorar.

Otra buena idea consiste en visitar el sitio donde la entrevista va a tener lugar. Hazlo a la hora aproximada a la que te hayan convocado y con condiciones similares de tráfico. Ten en cuenta que es conveniente llegar con un margen de diez minutos el día de la entrevista. Este será el momento ideal para familiarizarte con el edificio y con cualquier problema que pudiera surgir (registros de seguridad, que no haya sitio para aparcar, un largo camino desde la parada de autobús, etc.).

El día de la entrevista

La noche anterior a la entrevista es el momento de asegurarte de que tienes todo lo necesario para el día siguiente. Si necesitas ir a comprar calcetines, desodorante o papel para imprimir tu currículum, hazlo el día previo para poder irte a la cama con la confianza de que todo está como debe estar. Hay que evitar cualquier cosa que te pueda causar un poco de ansiedad adicional.

Asegúrate de que tienes todo lo que necesitas antes de salir de casa y revisa tus notas. Intenta llegar con diez minutos de antelación a la oficina donde se va a realizar la entrevista, aunque tengas que matar el tiempo en la cafetería de abajo. Aparecer veinte minutos antes puede ser tan fastidioso como llegar tarde, pues se puede interpretar como que estás demasiado ansioso.

Una vez que estés listo para entrar en el área de recepción, guarda las notas y solo prepárate mentalmente: no te interesa que tu entrevistador, o incluso la recepcionista, te vean nervioso o sin preparación. Respira hondo y repasa en silencio los puntos clave. Cerciórate de haber apagado todos tus aparatos electrónicos.

Por último, recuerda que solo es una conversación y que estás listo. Calma tus nervios y proyecta confianza, aunque al principio tenga que ser algo impostada. No hay nada como la confianza para ayudar al entrevistador a verte como a un candidato fuerte… y actuar con confianza te hará sentir que tienes más confianza en ti mismo. Un círculo virtuoso.

Capítulo 2. Durante la entrevista

Conseguir que la entrevista sea una experiencia agradable para ti y para el entrevistador es fundamental, si bien no siempre vas a tener química con todas las personas y con alguno, de hecho, es imposible que suceda. Si al entrevistador le recuerdas a alguien que no soporta, poco puedes hacer para convertirte en su nuevo mejor amigo. Sin embargo, hay algunas técnicas que realmente mejorarán tus posibilidades de acercamiento.

Al llegar, sonríe y demuestra que estás contento de estar ahí. Responde con honestidad a cualquier pregunta y no temas revelar un poco de tu personalidad. Busca cosas que puedas tener en común con el entrevistador (lo que hayas averiguado antes de la entrevista usando LinkedIn y otras fuentes puede revelar cosas en común), evita hacer suposiciones basadas en el aspecto y comenta solamente la información ofrecida voluntariamente por tu interlocutor.

Muestra entusiasmo por el trabajo ofrecido, pero no te pases: decir lo mucho que quieres este trabajo hará que tu entrevistador esté incómodo. En esta misma línea, no des opiniones no solicitadas, ni consejos sobre los puntos flacos de la empresa, ni comentes cosas negativas que hayan salido en la prensa recientemente. Evita los comentarios condescendientes y no hagas preguntas sobre asuntos potencialmente delicados al principio de la entrevista.

Una vez superada la fase inicial, concéntrate en contar historias "memorables" a través del modelo STAR. Ya hemos comentado que las historias son la oportunidad perfecta para crear empatía, siempre que muestren tus puntos fuertes y tengan que ver con el trabajo que quieres conseguir.

Para finalizar, haz preguntas inteligentes y demuestra tu interés y entusiasmo. Las buenas preguntas pueden además hacerte ver cómo es el entrevistador y ayudarte a familiarizarte con él. Pregunta al entrevistador cómo él percibe al candidato ideal para este trabajo. Pregúntale lo que más le gusta de su trabajo o del trabajo en la empresa. Dedicaremos un capítulo a ello más adelante.

Lenguaje no verbal

Quizá no sea justo, pero la mayor parte de nosotros emitimos juicios sobre el resto a los pocos segundos de conocerlos. Los estudios muestran que nos formamos primeras impresiones muy rápidamente, entre los tres y diez primeros segundos. No sabotees tu intervención con una primera mala impresión. Eso significa que debes vestir profesionalmente, caminar con confianza, sonreír sinceramente… y aprender el arte de dar un buen apretón de manos. Al entrar en la sala de la entrevista, lo primero es el apretón de manos. Un apretón de manos firme es esencial. Mantén el apretón durante dos o tres segundos antes de relajarte y soltarlo. Suéltalo más pronto si notas que el entrevistador relaja la mano. Si el apretón de tu entrevistador parece excesivo o agresivo, intenta ponerte a su altura, pero sin que parezca que estáis en una competición. Apretar y soltar varias veces es algo que no hay que hacer nunca. Sacude y mantén el movimiento sutil y limitado una o dos veces. Hay dos escuelas de pensamiento sobre si esperar a que el entrevistador te ofrezca la mano o si eres tú quien debe hacer el primer movimiento. Atravesar la habitación con la mano estirada puede ser demasiado agresivo. Según entras en la sala y te acercas al entrevistador, que debería moverse hacia ti, haz contacto visual inicial, dándole tiempo para que sea él quien haga el primer movimiento. No esperes demasiado o terminarás de pie sin saber qué hacer con las manos. En la mayoría de los casos, verás que el movimiento para darse el apretón de manos es virtualmente simultáneo. Si la mano te suda por efecto del calor o el nerviosismo, intenta secártela disimuladamente en el pantalón momentos antes de que el entrevistado aparezca.

Si el entrevistador entra en la sala donde estás sentado, ponte en pie rápidamente sin que parezca que tienes una urgencia. Levantarte de tu asiento refleja entusiasmo por el trabajo y cortesía hacia el entrevistador. Si por el contrario estás entrando a la sala donde se va a realizar la entrevista, deberías esperar a que te indiquen dónde sentarte. Probablemente, te ofrecerán una silla próxima. Si no, quédate quieto hasta que te lo indiquen. Una vez que te hayas sentado, coloca tu carpeta cerca para poder echar mano de ella fácilmente.

Tu postura en la silla debe ser relajada, pero sin estar encorvado, lo que sugiere falta de interés o debilidad. Una postura demasiado tensa y erguida indica ansiedad y posiblemente dificultad en el trato o falta de don de gentes. Lo mejor es sentarse con una inclinación leve hacia delante, como si tuvieras ganas de empezar la conversación.

En general, el lenguaje no verbal debe reflejar confianza e interés. Evita tener los brazos cruzados, porque te puede hacer parecer a la defensiva. Ten las manos relajadas, no las cierres como si inconscientemente estuvieras protegiendo las joyas de la familia. Columpiarte en la silla, mover mucho las piernas o los pies puede ser desconcertante para el entrevistador y transmitir nerviosismo. Sin embargo, cambiar de postura ocasionalmente está bien y te ayuda a no parecer en tensión. Intenta cambiar de postura al hablar; queda más natural que al escuchar.

En cuanto a tus manos, haz lo posible para que no llamen la atención. Los gestos naturales que demuestran confianza son ideales. No des golpes con los nudillos. Si te hace sentir más cómodo tener un bolígrafo y una libreta para tomar notas, no hay problema. Pero no te distraigas con las notas y dejes de establecer contacto visual y de conectar con el entrevistador.

Contacto visual

El contacto visual es muy importante en una entrevista de trabajo. Si no lo mantienes, te arriesgas a parecer esquivo. Sonríe y establece contacto visual de manera natural, por lo menos, cada treinta segundos. Aparta la vista de vez en cuando para considerar tus respuestas. Mirar fijamente, por el contrario, se puede interpretar como amenazante o excesivamente agresivo o ambicioso.

El contacto visual indica que no solo prestas atención, sino que también muestras respeto. También prueba que tienes las habilidades interpersonales básicas. Si estás incómodo manteniendo el contacto visual, un truco es centrarse en mirar a tu interlocutor a las cejas o la nariz, pero cuidado, mirar fijamente a la nariz del entrevistador y que esto resulte obvio es lógicamente malo. Tratar de sonreír no significa poner cara de *joker*. Mantén tu sonrisa natural, sea cual sea la que tengas.

La despedida

No es extraño que tu entrevistador cierre la conversación preguntándote por qué debería contratarte. Para responderle, nada mejor que dar con tres razones de peso construidas sobre tu currículum y sobre temas ya discutidos en la entrevista. Esas tres razones pueden ser diferentes según el trabajo que busques. Por ejemplo, tus habilidades comerciales pueden ser prioritarias para un puesto, mientras que para otro sería mejor destacar tus habilidades analíticas. En cualquier caso, permanece muy atento a todo lo que diga el entrevistador durante la entrevista para poder adaptar tu respuesta todo lo que sea posible.

Al final de la entrevista, puedes tener la oportunidad de corregir o aclarar cualquier cosa que pienses que se pueda haber interpretado mal, teniendo cuidado de no conducir la atención a partes negativas o cosas que pueden haberse malinterpretado. Una vez más, resume tus puntos fuertes, pero no seas demasiado repetitivo. Deja claro que quieres el trabajo, si crees que realmente lo quieres, sin parecer demasiado necesitado o agresivo. Pregunta sobre el paso siguiente del proceso si no te han informado ya.

Por último, agradece al entrevistador sinceramente el tiempo que te ha dedicado y reitera tu voluntad de contestar a cualquier pregunta adicional que surja más adelante. Estréchale la mano con confianza y permite que el entrevistador te acompañe a la salida.

Capítulo 3. Tras la entrevista

Tanto si te ha ido bien como si no, al salir de la entrevista es bueno tomarse algunos minutos para analizar cómo actuaste mientras todavía tengas fresca la experiencia vivida y así saber cómo mejorar tus habilidades. ¿En qué momentos estuviste brillante y en qué otros podrías mejorar? ¿Qué respuestas crees que impresionaron a tu entrevistador? ¿Hubo momentos en que lo diste todo por perdido? ¿Te dio la sensación de empatizar? ¿Qué tal el contacto visual? ¿Qué historias deberías trabajar más? ¿Hiciste buenas preguntas? ¿Te despediste bien?

Ver las cosas en retrospectiva es muy importante, así que toma nota. No te martirices por errores que ahora no se pueden subsanar: incluso una mala entrevista puede convertirse en una gran experiencia de aprendizaje.

La nota de agradecimiento

Las notas de agradecimiento no son simples sutilezas. Enviar una nota de agradecimiento después de la entrevista de trabajo es una práctica aceptada, y esperada, por parte de los que buscan empleo y de los empleadores, respectivamente. Esa nota de agradecimiento es tu oportunidad de recordar al entrevistador tu interés, tus cualificaciones y de proporcionar cualquier detalle que se te pasara mencionar en la entrevista. Si no envías la nota de agradecimiento pronto, te arriesgas a resultar desinteresado y descortés. Como los otros candidatos transmitirán su agradecimiento, también te arriesgas a que hagan comparaciones negativas.

Escribe y envía esa nota de agradecimiento inmediatamente después de la entrevista. Envíala para que llegue antes de que acabe el día siguiente, pero no más tarde. El tiempo es muy importante, especialmente cuando hay muchos candidatos que están siendo entrevistados y la impresión que hayas causado irá aminorando en los días siguientes.

Nunca va a estar mal comenzar con una línea en la que agradeces al entrevistador el tiempo empleado contigo. Después, explica lo mucho que disfrutaste en la entrevista y expresa tu deseo de saber más cosas sobre la empresa y el puesto. Si puedes hacer una observación particular o nombrar un detalle destacado, eso puede añadir un toque personal agradable.

La nota de agradecimiento es también una oportunidad para mencionar cualquier punto que se te olvidara tratar durante la entrevista o para aclarar algunas respuestas. Pero ten en cuenta que esto no es una carta de presentación, así que sé informal. Lo más importante es que la nota de agradecimiento te permita subrayar por qué deben contratarte. Si tu entrevistador está hablando con muchos candidatos (que casi siempre es el caso), su recuerdo de ti y lo brillante que eres puede difuminarse rápidamente. Tu nota de agradecimiento te permite refrescarle la memoria y reforzar la impresión que le causaste. Por último, ten presente que con la nota de agradecimiento puedes ser más personal y amistoso que con la carta de presentación o currículum. Si has conectado en algún campo con el responsable de contratación, está bien aludir al interés compartido, pero no te hagas lógicamente el gracioso. Después de todo, eres una persona seria y te tomas esto en serio.

Ejemplos de nota de agradecimiento

Las siguientes son dos muestras que NO debes escribir:

Carlos:

Hola, la verdad es que me lo pasé bien contigo en la oficina el martes pasado, y quería escribirte unas líneas para decirte que te lo agradezco mucho. Pareces un tío guay, y seguro que sabes escoger bien a tus secretarias.

En serio, quería recordarte que realmente creo que necesitas a alguien como yo en el departamento de contabilidad. Soy el mejor contable que vas a encontrar en el sector, porque estoy dispuesto a echarle todas las horas que haga falta. Me imagino que nos olvidamos de hablar de lo que pagas por las horas extras, me viene bien el dinero si necesitas a alguien para los fines de semana y demás.

A propósito, cuando dije que solo los tíos escuchan rock clásico, no era mi intención menospreciarte porque dijeras que te gustan los Stones. Te estaba tomando el pelo. Pienso que todo el mundo tiene derecho a tener su propio gusto musical, así que espero haber causado tan buena impresión en ti como tú en mí.

Hasta la vista,

Pedro R.

Este es un ejemplo obvio de ser demasiado personal y no profesional con tu carta de agradecimiento. También por aquello de que "la confianza da asco." Aparte de los comentarios inadecuados, Pedro parece arrogante y solo interesado en lo que la empresa puede hacer por él. Aun cuando agradece al entrevistador la oportunidad e intenta aclarar un aspecto del sueldo que se quedó en el tintero, la impresión es la de no estar preparado.

Estimado Sr. González,

Me siento en la obligación de escribirle y expresar mi gratitud extrema por la oportunidad de conocerle y por dedicar su tiempo para permitirme explicar mis titulaciones para la vacante en su departamento de contabilidad. Fue muy inspirador para mí beneficiarme de su estelar asesoramiento en relación con algunos de los programas innovadores que su empresa está implementando actualmente.

Como he explicado, no estoy familiarizado con el nuevo formato T-9, pero aprendo rápido y aunque no soy exactamente un genio de la informática estoy dispuesto a enfrentarme a cualquier desafío que se presente. Como indiqué en mi currículum, tengo una ética profesional probada y trabajo bien con la gente. Probablemente no expliqué satisfactoriamente por qué nunca he desempeñado un papel de supervisor en mis 15 años en Laboratorios Actafarma antes de ser despedido en agosto. Nunca me esforcé en alcanzar una posición directiva, pero he sido siempre un buen empleado.

Una vez más, Sr. González, no puedo expresar con palabras cuánto le agradezco que emplee su valioso tiempo para evaluar mis capacidades y le prometo que, si considera conveniente contratarme, no le defraudaré.

Federico Jiménez

El tono es demasiado formal y el texto es demasiado largo. En vez de recalcar sus puntos fuertes, la nota de Federico hace lo contrario, porque acentúa sus puntos débiles. El ejemplo siguiente puede servir como modelo para que crees tus propias notas de agradecimiento:

Estimado Sr. Ochoa,

Gracias por tomarse el tiempo de conocerme esta mañana. Me ha encantado saber más cosas sobre su empresa y las oportunidades que ofrece. Estoy muy ilusionado en conseguir el puesto.

Nuestra conversación también me ha servido para corroborar que mi experiencia en contabilidad y mi obsesión por los detalles me convierten en una persona valiosa para su departamento. Gracias a mi experiencia en Industrias Los Fernández, necesitaría muy poca formación y podría comenzar a hacer aportaciones sustanciales desde el primer día.

Estaría muy interesado en continuar la conversación sobre esta oportunidad. Por favor, permítame saber si puedo proporcionarle información adicional o si desea programar una reunión de seguimiento.

Un saludo,

En cualquier caso, si te cuesta escribir una nota de agradecimiento elocuente y profesional o si no fluyen las palabras, limítate a agradecer al entrevistador su tiempo y a reiterar tu interés en el puesto. Una nota corriente es mejor que nada.

Capítulo 4. Negociando tu oferta

Lo has logrado. Has salido de la entrevista como un campeón, te han llamado y te han confirmado que están dispuestos a hacerte una oferta. ¡Felicidades! Pero espera. El trabajo no ha acabado todavía. Ahora tienes que negociar tu sueldo, el resto de beneficios y la fecha de comienzo. ¿Cómo lo vas a hacer? ¿Lo estropearás pareciendo codicioso si pides demasiado? ¿Te quedarás corto si pides poco? Muchos aspirantes aceptan simplemente la primera oferta por miedo. Lo más importante en este momento es ser consciente de que el poder de negociación ahora lo tienes tú.

Durante el proceso de entrevistas, la persona de recursos humanos y tú habréis visto si hay compatibilidad en términos de remuneración. Es probable que en la oferta te proporcionaran un rango de salario y seguramente, al pensar en extenderte la oferta, te preguntarán cuánto ganas y cuánto deseas ganar en tu próximo puesto. Cuando te pidan que des una cifra pronto, tu primera respuesta debe ser desviarte. No te interesa tasarte demasiado bajo o demasiado alto antes de saber lo que puede darte la empresa. La mejor respuesta es algo del tipo "estoy abierto a considerar cualquier oferta competitiva". Haz lo que puedas para averiguar el rango real de sueldo de la empresa para este puesto y lo que se paga en el mercado. Si el reclutador no te da la información, haz averiguaciones por tu cuenta en sitios web como Salary.com, Payscale.com, y Glassdoor.com que proporcionan información sobre la remuneración media e incluso sueldos de trabajos específicos en empresas específicas, si bien no son muy populares en España. Esto te ayudará a fijar algunos parámetros. En algunas empresas que incorporan mucha gente cada año (consultoría, auditoria, banca, empresas tecnológicas), no obstante, hay poco o nada de margen de negociación, así que los siguientes consejos aplican a empresas más tradicionales.

Cuándo se puede negociar

La empresa que desea darte el empleo también ha hecho sus averiguaciones y sabe lo que pagan los demás. En general, la empresa te ofertará un salario un 15% o un 20% por debajo de lo presupuestado para poder negociar. Con esto en mente, deja siempre a la empresa que haga la oferta inicial y negocia a partir de ahí pidiendo entre un 30 y un 40% más con la intención de cerrar el trato alrededor de los supuestamente presupuestado. Como en toda negociación, la finalidad es alcanzar una cifra buena para las dos partes.

Debes enfocar esta negociación con una cierta diplomacia. Después de todo, estás tratando de conseguir la mejor oferta posible sin poner en peligro "la cifra aceptable". Deja claro que sigues muy interesado en el puesto según avanza la negociación. No temas dar pistas sobre otras ofertas y posibilidades. Hazles saber que eres un candidato solicitado y que tienes otras opciones. En ningún caso des un ultimátum a menos que tengas otras ofertas por escrito o que el margen de negociación es muy exiguo. Evita en cualquier caso decir qué otras empresas estás considerando.

No todo es dinero en esta vida. Incluso con las empresas que no tienen la capacidad de darte el sueldo que quieres, puede haber espacio para la negociación a través de vacaciones, espacio en la oficina, cercanía al lugar de trabajo, formación y otros criterios que podrían mejorar tu calidad de vida. Puede ser que también puedas negociar que te consideren subir el sueldo a los tres o seis meses si has alcanzado metas específicas.

Siempre por escrito

Una vez que hayas llegado a un acuerdo, asegúrate de que te ponen la oferta por escrito con todos los detalles que se han negociado. Hasta que no tengas la oferta por escrito, son solo palabras y eso significa que debes considerar otras opciones. No canceles otras entrevistas o anuncies que tienes un nuevo trabajo a todas las personas que conoces. Una vez que tengas la oferta por escrito y tu fecha de comienzo, ¡es hora de celebrarlo! Enhorabuena por tu nuevo trabajo.

La parte siguiente del libro da mayor detalle sobre cómo contestar las preguntas relativas al sueldo.

Parte V. Preguntas y respuestas habituales

En la última parte de este libro vamos a repasar cómo responder a las preguntas más habituales y cómo dar con los mejores ejemplos e historias en las entrevistas.

Capítulo 1. Háblame de ti

Hay algunas preguntas que siempre se hacen en la entrevista de trabajo independientemente del sector, nivel de experiencia y puesto. La primera de esta lista es la clásica y temida "háblame de ti", una pregunta fundamental, ya que casi siempre se hace justo después de haber roto el hielo hablando del tráfico y del tiempo y, por tanto, define la primera impresión que le quedará de ti al entrevistador.

Esta pregunta (o su variante "háblame de tu trayectoria") la odia la mayoría de la gente en búsqueda activa de empleo porque es frustrante intentar descifrar exactamente lo que el entrevistador quiere oír. Sin embargo, la pregunta presenta una buena oportunidad para que la entrevista adopte el tono que te interesa y para destacar los puntos que quieras que el entrevistador sepa de ti.

No pierdas la oportunidad de hacerlo limitándote a recitar tu currículum, ni tampoco les cuentes aspectos personales como que te encanta bailar flamenco o participar en campeonatos de póker. En lugar de hacer eso, trata de dar una respuesta concisa y entusiasta que resuma por qué eres el candidato adecuado para el trabajo, asegúrate de compartir información sobre los logros de los que te sientas más orgulloso y habla de tus objetivos a futuro.

Piensa en la pregunta como si fuera un argumento de venta. Un argumento de venta es un pequeño resumen que se usa para definir de forma rápida y simple un producto o servicio y su valor. Contesta a la pregunta: ¿Por qué debería comprar/invertir en ti? Necesitas un argumento para venderte como candidato a un puesto de trabajo y deberías modificarlo para poderlo usar más veces según surjan otras oportunidades. Debe ser corto y sin divagaciones; es bueno que cueste menos de un minuto exponerlo, y nunca más de dos. Una gran respuesta contendría dos elementos: en primer lugar, tus puntos fuertes (aquí podrías hablar del número de años de experiencia que tienes en el sector o del área particular de especialización; también puedes destacar si has recibido una formación especial o si tienes habilidades específicas acordes a lo que se pide en la descripción del puesto). En segundo lugar, explica por qué estás interesado en este puesto en este momento concreto de tu carrera indicando que buscas un nuevo reto y que crees que este puesto es el paso que debes dar para conseguirlo.

La fórmula para responder a la pregunta "háblame de ti" que sugiero tiene tres bloques muy escuetos y sencillos. Recuerda que tendrás tiempo para presentar tu currículum más detalladamente a lo largo de la entrevista. No intentes dar demasiada información o tu entrevistador empezará a desconectar. Sé sucinto y da a tu entrevistador la ocasión de interesarse y de hacer preguntas. Una buena entrevista es un diálogo, no un monólogo.

Tu primera frase debería ser una introducción a quién eres en sentido profesional: un resumen que demuestre tus puntos fuertes y enseñe un poco de tu personalidad, sin retrotraerte innecesariamente a la infancia. No es fácil hacer esto con gracia sobre la marcha y vale la pena prepararse un poco por adelantado.

- Bien (resume sucintamente tu trayectoria): *"Soy responsable de recursos humanos con 8 años de experiencia multinacional en la gestión de todos los procesos del área, desde la contratación a la formación"*.

- Mal (demasiada información): *"Bien, crecí en Zaragoza. De pequeño, quería ser bombero, después me interesaron los dinosaurios. Desde el principio sobresalí en ciencias, quedando el primero en el concurso de ciencia de cuarto de primaria. Lo divertido del caso…"*

No asumas que el entrevistador ha leído con detenimiento tu currículum y sabe qué te hace especial. Utiliza el argumento de ventas anteriormente descrito para destacar brevemente de 2 a 4 puntos que pienses que te hacen sobresalir.

- Bien (destacar la experiencia, el entusiasmo y los resultados): *"He pasado los últimos seis años desarrollando mis habilidades como encargado en el departamento de atención al cliente de Vodafone, donde he ganado varios premios por mi rendimiento y me han ascendido dos veces. Me encanta dirigir equipos y solucionar los problemas de los clientes."*

- Mal (a nadie le interesa tu primer trabajo, ya que es la parte menos impresionante de tu carrera y es probable que el entrevistador desconecte antes de que empieces a contar lo interesante): *"Mi primer trabajo fue como ayudante administrativo para Galerías Preciados. Aprendí mucho en ese trabajo, lo que me sirvió mucho durante los 12 años siguientes. En ese momento, no estaba seguro de la trayectoria de mi carrera, así que después me incorporé a una inmobiliaria como comercial. Duró solamente seis meses, pero me lo pasé muy bien".*

Por último, termina siempre tu respuesta expresando qué esperas del puesto y el porqué.

- Bien (sucinto, objetivo y positivo): *"Aunque me encanta mi trabajo actual, creo que estoy listo para un trabajo con más desafíos y este puesto de verdad me atrae por su alto componente analítico en tiempo real."*

- Mal (te arriesgas a parecer negativo y podría parecer que estás interesado en cualquier trabajo, no en este en particular): *"Debido a los problemas financieros de la empresa y a los problemas de mi jefe, estoy preocupado por la estabilidad de mi trabajo y he decidido empezar a buscar nuevas oportunidades".*

Combinando los tres bloques, un buen ejemplo completo sería el siguiente:

"Tengo cinco años de experiencia como gestor de proyectos en empresas de software financiero. Recientemente, lideré el desarrollo de una nueva plataforma de trading que obtuvo el reconocimiento de los premios anuales de la industria. Me gusta trabajar en un ambiente joven y exigente, así que ahora mismo estoy buscando una oportunidad para poner en práctica mi experiencia técnica y mis habilidades creativas de resolución de problemas en una empresa de software innovadora como esta".

Con esta respuesta, el candidato orienta su respuesta hacia los puntos fuertes de su argumento de venta (experiencia en empresas importantes, reconocimiento con premios, experiencia técnica, habilidades para resolver problemas). Esto le ayuda a captar la atención del entrevistador, ponerle las preguntas en bandeja y a dar una muy buena primera impresión.

Evita estos errores

En primer lugar, muchos candidatos responden recitando su currículum desde el principio, comenzando con su experiencia más antigua y probablemente menos relevante. Así, en el momento en que entras en materia, el entrevistador ya ha desconectado y está pensando en la comida. Lo ideal es que tus logros y responsabilidades cotidianas en trabajos anteriores surjan en la conversación. Aunque el entrevistador específicamente te pida que "le hagas un resumen de tu currículum", no te tomes la sugerencia literalmente. Mi consejo es que comiences con tu argumento de ventas y sigas con una descripción de tu trabajo más reciente, dejándole un montón de oportunidades al entrevistador para que te haga preguntas sobre los detalles.

Por otra parte, es habitual que muchos candidatos incurran en la equivocación de ser demasiado modestos. Contestan con una introducción vaga que no comunica claramente cuáles son sus puntos fuertes. Muchas veces tan solo se trata de gente humilde que no se siente cómoda "vendiéndose". Otras veces, el entrevistado nunca ha tenido que preocuparse de tener un argumento de ventas y llega desentrenado. Huelga decir que no debes confiar en que el entrevistador vea más allá de tu humildad y se imagine lo bueno que eres. Por el contrario, no se trata tampoco de alardear, "soy el mejor vendedor del mundo", sino de probar de forma objetiva y natural, con hechos, tu valía: "el departamento que dirigía ha sido líder de ventas durante los tres años pasados y he tenido la oportunidad de atraer más de 18 millones en nuevo negocio durante ese tiempo".

Esto no es una primera cita. A tu entrevistador no le interesa escuchar que te gusta la piña colada ni que la lluvia te hace escribir poesía. A diferencia de las entrevistas para que te admitan en un máster, donde hay mucho más interés en saber quién eres como persona, en las entrevistas de trabajo es preferible centrarse en quién eres tú como profesional a menos que te pregunten por tus aficiones u otras cosas no relacionadas con el puesto.

Muchos candidatos válidos sobre el papel, no se sabe si por nerviosismo o falta de experiencia, piden una aclaración a la pregunta "háblame de ti": ¿Se refiere a mi experiencia laboral, a los estudios, o qué tipo de información quiere? Aunque estos candidatos quieren agradar, tener demasiadas dudas solamente te hace parecer perdido. Ve directo al enfoque que acabamos de plantear. Si quieren saber algo más, te lo pedirán.

Capítulo 2. ¿Por qué estás buscando una nueva oportunidad?

A menos que nunca hayas trabajado ni un día en tu vida (de ser el caso, te tendrás que centrar en otros desafíos de la entrevista de trabajo), necesitarás explicar por qué has dejado tu trabajo anterior o por qué quieres dejar tu puesto actual. A veces, la respuesta es obvia y fácil (por ejemplo, dejaste tu puesto porque era un trabajo de verano y el verano terminó).

Otras situaciones requerirán de más explicaciones. Por ejemplo, ¿por qué has dejado este puesto después de solamente dos meses? Las razones por las que has dejado un trabajo son siempre relevantes y es normal que el entrevistador quiera saber si te fuiste por capricho, problemas de rendimiento, falta de integridad o por alguna extraña razón, y se preguntará si puede confiar en que seas responsable, leal y razonable. Si puedes decir que todavía tienes trato con tu anterior jefe (o incluso mejor, él es una de tus referencias), podrás demostrar que has sido un buen trabajador y que te relacionas bien con la gente. En cualquier caso, las razones por las que has dejado un puesto de trabajo dicen mucho de ti. ¿Te fuiste por razones positivas o porque sentías que no te valoraban? A veces tiene sentido dejar un trabajo si no te aprecian, pero ten en cuenta que esta razón debe ser expresada hábilmente si no quieres ir en plan diva.

Vamos a ver cómo enfocar esta pregunta en sus tres formas más habituales:

¿Por qué estás buscando una nueva oportunidad ahora?

Por mucho que te fastidie, generalmente te irá mejor en la búsqueda de trabajo si ya tienes un trabajo. Sin embargo, tu jefe potencial querrá saber siempre por qué estás pensando en dejar tu trabajo actual. La regla general aquí es decir que te vas porque buscas una oportunidad mejor sin que parezca que te vas de un mal lugar. Tu entrevistador desea pensar que te está echando el anzuelo. Desde su perspectiva, es fundamental que entienda que piensas en irte solamente porque esta nueva oportunidad (y la empresa que la ofrece) es la mejor. Quizá ni siquiera estabas buscando cambiar. Quizá estás contento en tu puesto actual, pero no te has podido resistir a venir a esta entrevista porque el puesto es tu trabajo ideal. Obviamente, lo mejor es evitar exagerar demasiado para no parecer inmaduro. Tampoco debes mentir jamás en una entrevista de trabajo. Lo esencial es destacar las razones positivas de considerar un nuevo puesto y evitar hablar de lo negativo si puedes, incluso en situaciones de despidos masivos o fusiones. A continuación, vamos a revisar algunos ejemplos:

"He estado en mi empresa durante tres años y he aprendido mucho al trabajar con vendedores increíbles. Conseguí ser jefe regional de ventas a los 18 meses y mi zona ha superado nuestras proyecciones de ventas por lo menos en un 25% cada trimestre desde entonces. Sin embargo, estoy comenzando a sentir que necesito nuevos retos. Este puesto realmente me atrae porque me permitiría dirigir un equipo más grande y vender productos más innovadores."

La respuesta es muy buena. Primero, este candidato recuerda al entrevistador que ha tenido un puesto respetable en la empresa y lo han ascendido. Habla de su éxito en el trabajo (siempre es bueno buscar oportunidades para hablar de los logros). Después, comparte una razón positiva por la que desea marcharse: nuevos desafíos, desea mejorar. Continúa diciendo por qué el puesto al que opta sería un reto excitante. A diferencia de éste, algunos candidatos dan la respuesta correcta a medias porque solo dicen que están buscando nuevos desafíos y lo dejan así. Sin dar detalles sobre cómo has conseguido hacer frente a desafíos en el pasado y por qué el nuevo trabajo presenta nuevos retos emocionantes, tu respuesta va a ser demasiado general y poco convincente.

"Me ha encantado trabajar en Alba Consulting y estoy muy orgulloso de las campañas de marketing que he concebido y gestionado con éxito. Sin embargo, creo que es hora de hacer un cambio. Estamos pasando por algunos cambios de gestión ahora y muchos proyectos están en espera. Hace tiempo que he estado pensando que me gustaría trabajar para una empresa más grande con más oportunidades de crecimiento. Este puesto parece una buena oportunidad en la que encajo muy bien debido a mi trayectoria en marketing online y mi experiencia dirigiendo equipos".

Una vez más, el candidato comienza reconociendo aspectos positivos sobre su puesto y empresa actuales. Brevemente, trata el problema de la empresa de modo muy diplomático, pero se centra en su interés por el trabajo al que opta y sus cualificaciones.

¿Por qué dejaste tu puesto más reciente?

Si actualmente no tienes trabajo, tu respuesta a esta pregunta es aún más importante. Es injusto, pero muchos empresarios tienen sus reservas respecto a los candidatos en paro. Si eres tan bueno, ¿por qué no te han cogido todavía? Este sesgo es inmerecido. En el entorno económico actual, los mejores empleados pierden sus trabajos y puede costar un poco encontrar uno nuevo. Sin embargo, es bueno ser consciente de que existe este sesgo al tratar la cuestión de por qué estás disponible. Y si has tenido muchos trabajos durante un largo periodo de tiempo, deberías estar preparado para describir los pasos que has dado para mejorar tus habilidades, en cuanto a formación o incluso trabajo voluntario. El tema de por qué te vas es un poco más difícil en este caso porque probablemente no vas a poder dar una respuesta 100% positiva. Si te has ido, pero no por otra oportunidad, obviamente hay algún problema, quizá tuyo o quizá de la empresa. De cualquier manera, debes poder explicar por qué tu marcha fue razonable y por qué eres un candidato fantástico y muy atractivo. Por último, resístete a la tentación de echar basura sobre tu jefe anterior. Aunque la compañía fuera totalmente disfuncional, debes evitar ser demasiado negativo. ¿Y si te despidieron? Si fuiste despedido por razones sin relación con tu desempeño, déjalo claro y asegúrate de centrarte en tus logros en el trabajo. Mucha gente asombrosa y brillante ha sobrevivido a un despido (o a dos o tres). La mayoría de los entrevistadores no te juzgará negativamente porque haya habido recortes, especialmente si no has sido el único afectado, pero mantén tu explicación sucinta y sáltate cualquier detalle feo. Ten en cuenta que tu entrevistador estará probablemente atento a cualquier información que te haga parecer poco profesional, desmotivado o deshonesto. Veamos otro ejemplo:

"Desafortunadamente, el cliente más importante de la empresa quebró a principios de año y esto tuvo un efecto negativo en los beneficios. Como resultado, tuvieron que eliminar algunos puestos y yo era de los últimos cinco que habían sido contratados en nuestro departamento. Estoy orgulloso del trabajo que hice allí, tuve muy buenas evaluaciones y mi anterior jefe es una de mis mejores referencias".

Esta respuesta deja claro que el candidato perdió su trabajo por razones que están más allá de su control. Explica que fue una cuestión de antigüedad y no de rendimiento. También deja claro que puede proporcionar una referencia brillante del anterior trabajo para que su versión sea comprobable. Se proporcionan razones, y la respuesta sigue siendo sucinta. Demasiados detalles podrían sonar defensivos o confusos. Si fuiste despedido por razones de rendimiento, debes mencionar cualquier circunstancia atenuante, pero evita echar toda la culpa a los demás. Por ejemplo, si los requisitos del trabajo o las expectativas cambiaron después de que te dieran el empleo, deja eso claro. A veces, las expectativas cambian como resultado de la dirección, recortes de presupuesto, o de nuevos cambios de estrategia. Sea cuál sea la razón por la que te despidieron, debes destacar las lecciones aprendidas de esa experiencia. El objetivo aquí es asegurar al entrevistador que fue un incidente aislado y que no es arriesgado contratarte. Otro ejemplo:

"Después de ciertos cambios en la gerencia, quedó claro que el nuevo director del departamento tenía nuevas expectativas para el trabajo que yo desempeñaba y que ya no encajaban tan bien conmigo. En última instancia, decidió traer a alguien de

su empresa anterior que tenía más experiencia de ventas. Esto me enseñó que mi talento verdadero está en el servicio de atención al cliente y que puedo ser un activo importante en un trabajo como este, que se centra en mejorar la atención al cliente. ¿Quieres que te cuente más sobre mi experiencia en esa área?"

La respuesta es sucinta y el lenguaje es neutral. La situación se describe sin negatividad y sin ponerse a la defensiva. El candidato después explica la lección aprendida y redirige la atención a sus puntos fuertes.

¿Por qué dejaste el puesto X (antes del más reciente)?

Recuerda que tu entrevistador va a estar interesado en todas las transiciones de tu carrera que aparecen en tu currículum. Una vez más, tus razones por dejar un trabajo pueden decir mucho de ti y de por qué eres bueno para el puesto. Si dejaste el trabajo voluntariamente, sigue las directrices proporcionadas para explicar el porqué, centrándote en las razones positivas que te hicieron irte: nuevos desafíos, nuevas experiencias, un trabajo ideal, adquirir nuevas responsabilidades. Si te despidieron de tu trabajo anterior, sigue el consejo de la sección previa. Si has realizado un buen trabajo hasta el final, los detalles no serán tan importantes para el entrevistador. De hecho, cuanta más evidencia de logros y rendimiento positivos, más fácil es contrarrestar cualquier preocupación sobre el despido. Para los puestos que tuviste en el pasado más lejano, puedes proporcionar muchos menos detalles, ya que el entrevistador estará siempre más interesado en la historia de tu trabajo más reciente. Sin embargo, deberías estar siempre preparado para hablar de cualquier puesto que muestres en tu currículum, especialmente los de corto tiempo (menos de un año), los huecos (que indican que te fuiste de repente o te echaron), o ambas cosas.

Capítulo 3. Describe tu puesto más reciente

Pregunta común de entrevista que parece simple: ¿puedes describir tu puesto de trabajo actual o más reciente? Aunque algunos candidatos piensan que esta pregunta es inofensiva, la persona que termina entrevistándote puede no haber tenido tiempo para revisar completamente tu currículum, o lo puede haber revisado, pero ha olvidado los detalles (lo que es fácil que pase cuando se tiene una agenda ocupada y especialmente si está entrevistando a numerosos candidatos con antecedentes similares). Puede que te hagan esta pregunta incluso aunque tu entrevistador se haya mirado bien tu currículum. Para el entrevistador, es una buena pregunta porque es mucho más fácil de contestar que las que frecuentemente se usan al inicio de las entrevistas, como el "háblame de ti" que acabamos de tratar. Es una pregunta específica sobre acontecimientos muy recientes o actuales, así que los detalles deben ser fáciles de recordar y de articular. Como entrevistador, quiero que los candidatos se sientan cómodos porque sé que es más probable que se abran y me demuestren cómo son realmente. Muchos otros entrevistadores siguen un enfoque similar. Por otra parte, se sabe que la gente miente en sus currículums y tu entrevistador deseará cerciorarse de que todos esos puntos impresionantes son reales.

Para asombrar a tu entrevistador con la respuesta a esta pregunta, muchos candidatos cometen el error de hacer un listado con las responsabilidades y tareas de su trabajo (incurren en esta equivocación en la entrevista de trabajo y también en sus currículums). Si deseas impresionar a tu entrevistador, céntrate en cómo desempeñaste tu labor y en cómo has ido más allá de la descripción de tus funciones. Acentúa todos tus logros impresionantes (un ascenso, un premio), estadísticas (número 1 en ventas, dirigir a 26 personas), números (ingresos generados, gastos reducidos) u otros detalles. No intentes describir absolutamente todo lo que sabes hacer, ni te sientas obligado a dar datos que podrían ser confusos. Céntrate en los aspectos más relevantes, y si el entrevistador desea tener más datos, más adelante te pedirá más información.

Ejemplo: Program Manager, Departamento de Tecnología de un gran banco.

Descripción del puesto:

- El candidato seleccionado administrará la planificación, organización e implementación de un gran sistema de gestión interno complejo (una iniciativa con transvases entre múltiples disciplinas y negocios).

- Trabajará con los Gestores de Proyectos para monitorear el coste, agenda y desarrollo técnico de los proyectos y operaciones de los componentes, mientras trabaja para asegurar el éxito final del programa.

- Tendrá la responsabilidad de determinar y coordinar el intercambio de recursos de sus proyectos por el beneficio general del programa. Será responsable de la gestión de las partes interesadas.

- Facilitará reuniones del Comité Directivo y de los miembros del equipo de programa y se encargará de todas las demás comunicaciones. Todos los miembros del equipo dentro del programa aceptarán las directrices del Gestor de Programa durante la duración del proyecto. El Gestor de Programa es responsable de la administración y entrega general del programa en nombre del negocio, operaciones e IT.

Cualificaciones:

- Experiencia previa gestionando proyectos estratégicos y/o proyectos entre varias empresas y seguimiento de múltiples proyectos complejos o programas.

- Experiencia coordinando trabajos con varias empresas o disciplinas múltiples y ser bueno logrando el consenso en términos empresariales y funcionales.

- Experiencia de gestión de proveedores y contratos como componentes de un programa. Titulación universitaria superior.

Respuesta a la pregunta (Juan, gestor de proyectos):

"Durante los últimos dos años, he trabajado como gestor de proyectos en el rediseño de una plataforma de operaciones utilizada por 4.000 gestores de cartera en MegaInvestments. En esa posición, fui responsable de un equipo multifuncional de información y tecnología, operaciones y gestión de proyectos de 14 personas, siendo capaz de terminar el proyecto dentro del presupuesto y con algunos meses de antelación".

En su respuesta, Juan se centra en el éxito obtenido al completar el proyecto, demostrando que puede conseguir resultados. También dirige la atención al hecho de que gestionó un equipo con transvases de los departamentos de negocios, tecnología y operaciones. La descripción del trabajo indica claramente que buscan "experiencia previa en la gestión de proyectos estratégicos" y a alguien capaz de asumir la responsabilidad de "la administración y ejecución del programa de negocios, operaciones e IT". Piensa que Juan no dio demasiados detalles tácticos en su respuesta. El entrevistador pedirá seguramente más información sobre el enfoque de Juan y cualquier obstáculo encontrado. Sin embargo, la respuesta inicial de Juan muestra una respuesta bastante general sobre la complejidad del proyecto y su éxito en la gestión.

Capítulo 4. ¿Por qué quieres trabajar aquí?

Una buena respuesta demostrará que se tiene conocimiento de la empresa y la industria a la que pertenece. Para ello, es bueno investigar aspectos tales como la reputación general de la empresa, la de sus principales directivos, el *portfolio* de productos y servicios, su actividad pública (campañas de marketing, causas solidarias, programas de alto potencial…), el posicionamiento de la empresa en el mercado y una idea aproximada de su situación financiera. Evidentemente, "está cerca de mi casa" no es una buena razón. Hay algunos errores muy habituales al responder esta pregunta. En la mayoría de casos, los candidatos dicen algo del tipo, "es una gran empresa y me encantaría trabajar aquí". Es agradable, pero no muy creíble. Otros fallos habituales incluyen dejar ver que no sabes lo que hace la empresa o que solo tienes una idea vaga y esperas que el entrevistador te ayude, o incluso afirmar "he oído que había puestos por cubrir, por eso estoy aquí". Un ejemplo:

"Bueno, la reputación de JP Morgan es ciertamente un factor. Estaría orgulloso de trabajar para una empresa con una trayectoria tan larga de liderazgo en la industria. Además, un buen amigo de la familia ha estado trabajando en finanzas corporativas en JP Morgan durante los últimos dos años y me dijo que la cultura de la empresa valora el aprendizaje y el desarrollo en el trabajo y realmente recompensa el trabajo duro".

En este caso, el candidato se está entrevistando para una firma muy conocida. En una situación como esta, la tendencia de muchos candidatos es contestar, básicamente: "Bueno, es JP Morgan". En el mercado de trabajo actual, decir eso no es bastante para destacar entre otros candidatos, por mucho que tu currículum sea brillante. En el ejemplo, el candidato toma en consideración la marca de la empresa y su historia, pero también demuestra que ha invertido tiempo en investigar a través de su red de contactos. La respuesta se centra en el interés del candidato por trabajar duro y desarrollar el trabajo. Otro ejemplo:

"Vi un artículo en Business Week sobre su nuevo CEO Martin Kowalsky y un enfoque renovado de la empresa hacia la innovación de la tecnología. Me considero un innovador y me encantaría trabajar para una empresa líder en el futuro de la industria."

Es inteligente buscar artículos recientes antes de la entrevista. En este caso, el candidato ha leído un artículo sobre el nuevo CEO de la firma, lo que le hace parecer preparado e interesado. También es efectivo señalar la innovación como un valor compartido entre empresa y candidato.

Esta pregunta también se puede responder pensando en por qué interesa el puesto en sí. Así que pregúntate a ti mismo: ¿Qué hace atractivo este trabajo? ¿Por qué has respondido a esta descripción de trabajo? Una gran respuesta también te permitirá colar información sobre lo bueno que serías en el trabajo requerido en base a por qué tu experiencia te ha preparado para sobresalir en el puesto. Por el contrario, hay algunos errores habituales a evitar. En primer lugar, es mejor no dar la impresión de que estás solamente interesado en este trabajo porque está disponible. Tienes que impresionar a la empresa y hablar de por qué el puesto está hecho para ti. Por otra parte, si no puedes proporcionar detalles sobre el porqué de tu interés en el trabajo, el entrevistador asumirá, probablemente, que no eres la persona. Un ejemplo para expresar el interés en el puesto concreto:

"Creo que mi probada trayectoria liderando equipos multifuncionales me convierte en un excelente candidato para los requisitos del trabajo. Además, el trabajo me atrae porque me encanta la idea de ayudar a desarrollar productos de software innovadores y sé que podría comenzar a producir resultados a partir del día 1."

Lo bueno de esta respuesta es que consigue que el candidato se venda a la vez que dice lo que le gusta del trabajo. Comienza con el hecho de que su experiencia le hace ser perfecto para los requisitos del trabajo. Continúa diciendo que el trabajo le entusiasma. Esto es bueno. No seas tímido sobre si quieres el trabajo o no. Demuestra un cierto entusiasmo. Y finalmente, el candidato promete que puede producir resultados inmediatamente. El siguiente ejemplo muestra una respuesta uniendo el interés por la empresa con el interés por el puesto:

"Bueno, tengo un gran respeto por los productos de software de su empresa y me gustaría tener la oportunidad de trabajar con los mejores del sector. Al mismo tiempo, tengo amigos en el sector que me han hablado del respeto de su empresa por los empleados y de cómo se crea un gran ambiente para recompensar la innovación. Creo

que mi estilo proactivo encaja realmente bien aquí, especialmente en este puesto en particular".

Esta respuesta tipo considera tanto la empresa como el trabajo. Elogia los productos, los empleados y el ambiente de trabajo (a las empresas les encanta decir que son innovadoras). Entonces habla de cómo su estilo encajaría bien. También es aconsejable añadir una última línea sobre por qué su estilo sería beneficioso para este trabajo en particular.

Capítulo 5. ¿Qué expectativas de sueldo tienes?

Contestar mal a la pregunta sobre las expectativas de sueldo puede costarte no conseguir el trabajo o incluso verte en una situación insostenible en la que te veas forzado a considerar un trabajo con un salario inferior a tu valor en el mercado. ¿Tienes la suficiente confianza en ti mismo como para pedir lo que mereces, o aceptarás menos de lo que se te ofrece? Véndete y convéncelos del valor que aportas a tu empresa antes de llegar al momento de negociar sueldo.

Generalmente, la pregunta del sueldo tiene dos variantes: ¿Cuánto esperas ganar? o bien, ¿cuánto ganas ahora? Las preguntas pueden surgir pronto como parte del proceso de cribado o más tarde después de que hayas contestado a algunas preguntas iniciales. Si bien es bueno que la cuestión salarial entre en la conversación de la entrevista, ya que indica un cierto interés en contratarte, dar un paso en falso en esta pregunta podría ser contraproducente. Asimismo, indicar sinceramente tus expectativas de sueldo demasiado pronto en el proceso de la entrevista puede no ser lo óptimo.

Sugiero varias pautas para poder afrontar esta pregunta. En primer lugar, es fundamental tener claro que tu posición negociadora crece según va avanzando el proceso de selección, y que por tanto conviene evitar dar una cifra específica demasiado pronto, tal y como decíamos en capítulos anteriores. Una buena respuesta que ayuda a retrasar la respuesta podría ser: *"Estoy más interesado en encontrar un puesto que se ajuste bien a mis habilidades e intereses. Tengo la confianza de que ofreces un sueldo competitivo en el mercado actual."*

De esta forma, les haces saber que confías en tus capacidades, que no estás desesperado y que esperas que te compensen apropiadamente por tu tiempo y talento. A la vez, les estás dando la oportunidad de convencerte haciendo una oferta justa, demostrando que están ante un negociador experto y duro que les conviene contratar. Este puede ser el incentivo perfecto para que te hagan una oferta mejor.

Si no queda más remedio que dar una cifra concreta, puedes verte tentado a venderte barato. Aunque a algunos responsables de recursos humanos se les dibujará una sonrisa, hay muchos otros que entienden el mercado y rechazarán a los candidatos que no tienen inconveniente en bajar sus estándares para conseguir el trabajo. Les puede preocupar que también bajes tus estándares en otros aspectos que afectan al rendimiento del trabajo. Además, ¿realmente quieres trabajar para una empresa que busca contratar al candidato más barato posible? ¿O quieres trabajar para una empresa que busque al candidato más cualificado para el trabajo? De igual modo, una cifra muy alta puede dejarte fuera de concurso antes de que hayas tenido la ocasión de causar una buena impresión. Baja o alta, si das una cifra fuera de las expectativas de la empresa, podrías quedar fuera del proceso de selección.

En cualquier caso, y antes de contestar la pregunta, es importante saber lo que se paga en el tipo de trabajo al que te presentas. Aunque existen *webs* como Payscale.com, Glassdoor.com o Salary.com, en España es preferible buscar las encuestas que los diarios económicos publican con cierta periodicidad. Investiga un poco para entender el rango de salario del mercado para el puesto en cuestión, el tamaño de la empresa, ubicación y nivel de experiencia esperado. Es probable que encuentres alguna información contradictoria y rangos muy distintos en algunos lugares, pero al menos te harás una idea general si tienes en cuenta algunas fuentes.

Tu meta es llegar a un sueldo razonable que sea justo teniendo en cuenta tu valor de mercado y tu sueldo más reciente. De esta manera, si te presionan, puedes dar una cifra basada en datos reales y posicionarte dentro del rango de mercado, y no solo por lo que quieres. También es bueno pensar un poco en los mejores escenarios (qué oferta te hará decir sí al instante) y en los peores escenarios (qué oferta te hará salir corriendo). La mejor respuesta sería: *"Bueno, según lo que he averiguado y mi experiencia pasada, entiendo que 45.000-60.000 al año es lo normal en este puesto y requisitos".* Esto hace que la cifra se perciba en términos de "esto es lo que entiendo que es competitivo" en lugar de "esto es lo que quiero".

En muchas ocasiones, los entrevistadores creen que ofreciendo un salario un 10% o 15% más alto que tu salario actual será suficiente para convencerte. Por eso es tan importante desviar la atención de tu compensación actual y reenfocarla en la de mercado, ya que no te interesa que la decisión de trabajar por un sueldo bajo en el pasado (por flexibilización del horario, cercanía, prestigio…) te haga perder la oportunidad de tener un sueldo competitivo en el futuro. Cuando te presionen para que digas tu salario actual y sepas que eso va a disminuir tus posibilidades, considera la siguiente táctica para retrasar la cuestión un poco más, o posponerla por completo: *"Ya que este puesto no es exactamente igual que mi trabajo actual, sugiero hablar de cuáles serán mis responsabilidades en esta empresa para determinar un sueldo justo para este trabajo."* Si crees que tendrás que decir la cuantía de tu sueldo antes de lo que te gustaría, no te olvides de mencionar otros factores que influyen en esto también. Se comprende que un trabajo en Almería te proporcione un sueldo inferior a un trabajo en Madrid, por ejemplo.

Cuando negocies una oferta de trabajo, sé positivo, incluso aunque la oferta no te seduzca. Demuestra gratitud por la oferta y entusiasmo por el potencial del puesto antes de empezar a negociar. Tu contraoferta debe ser justa, bien razonada, y debes presentarla cuidadosamente, proporcionando un rango de salarios como parte de tu contraoferta, donde la cifra más baja sea lo bastante como para poder vivir de acuerdo a tus expectativas. Dar un rango de salarios también da al responsable de contratación la impresión de que eres flexible, una característica que gusta bastante. El tercer consejo, y quizás el más importante cuando se trata de conseguir metas a largo plazo, es que debes estar dispuesto a marcharte si la oferta no está hecha para ti. Es difícil hacerlo, especialmente en un mercado de trabajo competitivo o en crisis, pero si no estás desesperado puede ser mejor, a largo plazo, esperar una mejor oferta, en lugar de simplemente coger la oportunidad que está disponible ahora. Finalmente, ten presente que algunas empresas pueden tener un límite en el sueldo que pueden ofrecer, pero eso no significa que no puedan ofrecer remuneración de otras maneras. Si no consigues que te ofrezcan un sueldo más alto, intenta negociar otras ventajas que puedan hacer que la oferta sea interesante para ti (mayor proporción de variable, bonus a la firma del contrato, aumentos pactados en base a objetivos, días adicionales de vacaciones, acciones, plan de pensiones, seguro privado de salud, flexibilidad de horarios…). Si eres razonable con lo que pides, no tengas miedo de hablar del tema.

Capítulo 6. ¿Cuáles son tus puntos fuertes?

Esta es otra pregunta crítica, de las que se hace mucho en las entrevistas de trabajo, en todos los puestos y en todos los sectores. Más concretamente, el entrevistador busca descubrir si tus puntos fuertes se alinean con las necesidades de la empresa, si puedes hacer el trabajo, si eres la mejor persona para el puesto y no hace falta buscar a alguien más, y si tienes cualidades, habilidades y/o experiencia.

Desafortunadamente, muchos candidatos no se preparan correctamente y se sabotean a ellos mismos. La mayoría de la gente que busca trabajo no pasa bastante tiempo analizando sus puntos fuertes ni pensando en qué cualidades son las más relevantes para cada puesto. Conocer tus puntos fuertes te servirá en la entrevista de trabajo, pero también en el resto de tu vida. Si no tienes claro cuáles son tus puntos fuertes para ese trabajo, debes aprender a identificarlos.

Muchos candidatos son demasiado humildes o no se sienten cómodos hablando de lo buenos que son. Esto es especialmente cierto en las personas introvertidas y/o en los que nunca se han tenido que vender porque los trabajos les caían del cielo. Tienes que superar cualquier duda o vacilación y decir cosas buenas sobre ti mismo. Puedes hacerlo de manera que te sientas cómodo y auténtico si te preparas por adelantado. A veces, muchas personas eligen puntos fuertes que no les ayudan a sobresalir, puntos fuertes que no son importantes para el trabajo al que se presentan o que cualquiera tiene. Este error hace que el candidato parezca débil y fácil de olvidar en el mejor de los casos. En el peor de los casos, puedes hacer que el entrevistador se asuste: ¿quién desea emplear a alguien cuyo punto fuerte sea la puntualidad?

Siéntate y haz una lista de tus puntos fuertes, al menos diez, y sé creativo. Apunta todo lo que te venga a la mente y asegúrate de incluir: experiencia (experiencia con cierto *software* o tipo de tarea, en un sector en particular, trayectoria de trabajo con productos similares o clientes del mismo tipo, etc.); talentos (capacidades para hablar otro idioma, valorar empresas, organizar eventos, etc.); habilidades interpersonales (capacidad para solucionar problemas complejos, ser influyente, hacer equipo, negociar con proveedores, gestionar crisis, etc.); educación/formación (títulos universitarios, certificaciones, seminarios, puestos de becario, etc.). Si te cuesta enumerar suficientes puntos fuertes relacionados con el trabajo, apunta puntos fuertes personales. Puedes encontrar maneras de relacionarlos con el trabajo.

Por último, reduce tu lista a al menos cinco puntos fuertes con los que te sientas cómodo y desarrolla por lo menos un ejemplo o una historia para ilustrar cada uno. Para elegir tus puntos fuertes, te propongo las siguientes pautas:

- Elige los puntos fuertes que de verdad tienes. No escojas un punto fuerte solo porque esté en la descripción de las funciones del trabajo o porque a un compañero tuyo le haya funcionado bien. Lo mejor es que te muestres como eres en la entrevista, la mejor versión y la más profesional de ti mismo. Serás mucho más convincente si hablas sobre tus verdaderas cualidades.

- Debes tomarte el tiempo necesario para analizar la descripción del puesto y adaptar tus puntos fuertes a ella. Probablemente, tienes muchos puntos fuertes, pero, ¿cuáles serán los más relevantes para este entrevistador?

- Elige puntos fuertes específicos. En vez de decir "saber tratar con la gente" (demasiado amplio y aburrido) opta por algo como "bueno en construir relaciones" o "comunicación persuasiva." No seas genérico. ¿Podrían el 90% de tus amigos corroborar tu punto fuerte? Escoge otro.

- Recuerda los errores comunes indicados antes. Evita las cualidades de poca monta y escoge puntos fuertes de verdad. No te conformes con "agradable en el trato" como tu punto principal para venderte. Todo el mundo debería ser agradable de tratar. Para conseguir el trabajo, tienes que demostrar que puedes aportar más cosas.

- Como hemos dicho, es bueno tener un ejemplo sucinto preparado para ilustrar cada punto fuerte. Ten cuidado de no entretenerte demasiado. Tu respuesta debe durar uno o dos minutos.

Si te atascas intentando desarrollar la lista de tus puntos fuertes, intenta conseguir una segunda opinión preguntando a un amigo de confianza o colega su opinión por tus capacidades más importantes. Otra buena idea consiste en revisar tus evaluaciones anteriores y analizar el *feedback* positivo. Busca emails antiguos que elogien tu trabajo (si no los tienes guardados, empieza a ponerlos en una nueva carpeta). Si eres estudiante o recién graduado, piensa en el *feedback* que has recibido de profesores y de supervisores en tus puestos en prácticas o becas.

¿Cuáles son tus puntos fuertes?: ejemplos prácticos

Ejemplo 1:

> *"Creo que uno de mis mejores puntos fuertes es resolver problemas. Tengo la capacidad de ver una situación desde diferentes ángulos y puedo hacer bien mi trabajo incluso ante problemas de elevada complejidad. También creo que mis habilidades de comunicación son muy buenas. Me siento igual de cómodo dirigiéndome a altos ejecutivos como mediando en un conflicto entre miembros de un equipo junior. He trabajado como programador en el pasado, así que tengo la perspectiva de desarrollador y creo que mi equipo me respeta por eso".*

En este caso, el candidato habla de cómo sus habilidades para solucionar problemas funcionan (ver las cosas desde diversas perspectivas) y da ejemplos de sus habilidades comunicativas (tratar con líderes senior o mediar en disputas de equipo). También me gusta que hable de su experiencia de trabajo pasada y de cómo esto lo ha convertido en un mejor líder a ojos de su equipo actual. Ten en cuenta que no proporciona ningún ejemplo específico de cada uno de los puntos fuertes mencionados. A veces es mejor evitar dar demasiados detalles en una respuesta. No te interesa que esta respuesta se convierta en un monólogo sin fin. Este candidato da unos pocos datos sobre cada punto fuerte y así deja espacio para que el entrevistador le pida más información.

Ejemplo 2:

"Uno de mis puntos fuertes es mi ética de trabajo. Cuando me comprometo con un plazo, hago lo que haga falta para cumplirlo. Por ejemplo, la semana pasada teníamos que entregar un informe y nos llegaron algunos números tarde de nuestro equipo en Singapur. Invertí una noche en acabar la hoja de cálculo porque sabía que el cliente tenía que recibir el informe a tiempo."

La respuesta va más allá de "trabajar duro," que es demasiado general. Cualquiera puede decir que trabaja duro. Este candidato es muy específico sobre lo que para él significa la ética de trabajo y cumplir con un plazo, y lo hace dando un ejemplo específico.

¿Y si no me preguntan por mis puntos fuertes? Si no lo hacen (no todos los entrevistadores saben hacer las preguntas correctas), tendrás que buscar la manera de sacar el tema. Ten presente que hay muchas otras preguntas que tocan el tema de los puntos fuertes de alguna forma (¿por qué debemos emplearte?, ¿por qué eres la mejor persona para el trabajo?, ¿qué te hace ser el candidato adecuado?). Si todo falla, espera hasta el final de la entrevista cuando te pregunten si tienes algo más que añadir (después de haber hecho tus preguntas al entrevistador). Entonces, aprovecha el momento para resumir tus puntos fuertes y reiterar tu interés en el puesto.

Capítulo 7. ¿Cuáles son tus puntos débiles?

En una entrevista, hablar de tus debilidades y defectos es difícil. En el fondo, nadie va a confesar sinceramente sus defectos más grandes en medio de una entrevista de trabajo. Sin embargo, esta pregunta se ha convertido en un cliché por una razón. Los entrevistadores continúan preguntándola aun cuando saben que es poco probable conseguir respuestas 100% honestas. ¿Por qué? Porque la manera en que respondes a una pregunta sobre tus debilidades dice mucho de ti, ya que si esquivas la pregunta o intentas desviarte y no eres honesto, el entrevistador se preguntará si tienes puntos débiles muy graves que no quieres mostrar, si piensas que eres perfecto porque no tienes conciencia de tus problemas, si piensas que eres perfecto porque tus estándares son muy bajos, o si eres poco menos que un timador. Veamos a continuación los errores que normalmente se cometen:

- Encontrarás muchos libros y artículos que te aconsejen "transformar lo negativo en positivo" convirtiendo una supuesta debilidad en una cualidad deseable en un empleado (soy demasiado perfeccionista, trabajo demasiado duro a veces, me preocupo demasiado por mi trabajo…). Idea inteligente… o no. Llegados a este punto, ya se sabe que esto es un viejo truco. De hecho, este enfoque sugiere que probablemente ocultas algo.

- Algunos candidatos dicen que no se les ocurre ni una sola debilidad. Esto es probablemente porque no se preparan la pregunta correctamente y se quedan sin saber qué decir, por miedo a decir algo incorrecto. Esta respuesta también te hace parecer que ocultas algo.

- Otro error es ser demasiado sincero y confesar una debilidad que obstaculizaría tu capacidad de sobresalir. Una vez tuve un candidato que contestó, "me cuesta levantarme por las mañanas y llegar a trabajar a tiempo".

Para elegir buenos puntos débiles de forma honesta y auténtica debes tener en cuenta dos dimensiones: tu debilidad (una debilidad real que no sea un hándicap importante para el trabajo) y el cómo estás tratando de mejorar ese punto débil, que es el componente crítico, ya que muestra que tienes conciencia del problema, que tienes ganas de mejorar y que tu punto débil no te ralentizará.

No selecciones una debilidad solo porque suene bien. Causarás una impresión mejor con sinceridad. Eso no significa que tengas que compartir una debilidad que te hace quedar muy mal. Si eres como la mayoría de la gente, tendrás varios puntos débiles y al menos uno de ellos se prestará para que lo uses en una entrevista a tu favor. Sé consciente de los requisitos del trabajo y no menciones una debilidad relacionada con las habilidades requeridas o las cualidades deseadas. Si eres contable, no digas que odias las matemáticas o que no prestas atención a los detalles. Si el trabajo es para el departamento de ventas, no confieses ser demasiado reservado o no persistente. Por último, selecciona una debilidad que sea relativamente menor y "reparable." Por reparable, me refiero a algo que puedas mejorar con trabajo y motivación: *"Me pongo nervioso al hablar delante de grupos grandes"*. Más difícil de reparar es en cambio *"soy muy tímido y tengo a menudo miedo de hablar en reuniones"*, ya que, aunque ser tímido no tiene nada de malo, un entrevistador podría asumir que el candidato tendrá problemas para trabajar en equipo. Por descontado, no es necesario que entres en demasiados detalles. Sé breve y, lo más importante, evita estar a la defensiva o ser excesivamente negativo.

Ejemplos prácticos

Ejemplo 1:

"Creo que un área que podría trabajar es la cuestión de delegar. Estoy siempre tan preocupado porque todo se haga bien y a tiempo que soy un poco de la mentalidad de "si quieres que algo se haga bien, hazlo tú mismo." Desafortunadamente, eso no es siempre posible y me he dado cuenta de que puedo ralentizar las cosas si soy demasiado controlador. Aprendí esto recientemente cuando tuve la oportunidad de gestionar el departamento de los que estaban en prácticas en verano. Fue una experiencia educativa enorme. Definitivamente, aprendí a delegar y mi jefe notó la diferencia al final del verano. Como sé que puedo seguir mejorando en esta área, me acabo de inscribir en un curso de gestión de proyectos".

Fíjate cómo el candidato reconoce cómo su debilidad puede ser un problema y por qué vale la pena trabajar para superarla. Se reconoce y se describe la debilidad, pero el énfasis está más en cómo el candidato ha buscado maneras de mejorar. Lógicamente, no es la respuesta perfecta si el trabajo que buscas consiste en dirigir equipos.

Ejemplo 2:

"A veces puedo ser un demasiado honesto cuando proporciono feedback a los compañeros de trabajo. Mi personalidad es por naturaleza muy directa y voy al grano, y la mayor parte de mis colegas realmente valoran eso, pero he aprendido que hay momentos en el trabajo en que se requiere más diplomacia. Fui a clases de gestión de conflictos y realmente se me abrieron los ojos a la necesidad de comunicarme de manera diferente con gente diversa. Así que ahora soy mucho mejor en dar feedback constructivo, aunque no me venga siempre de manera natural."

Esta debilidad está muy bien explicada. El candidato acepta que la franqueza ha sido un punto débil, al tiempo que deja claro que no maltrata a sus compañeros de trabajo. A continuación, habla de las medidas concretas que ha tomado y de cómo ha mejorado.

Ejemplo 3:

"Honestamente, creo que hablar en público es algo que debería trabajar para mejorar. Tiendo a ponerme nervioso cuando estoy con un grupo de gente grande. En reuniones pequeñas de equipo, soy el primero en destacarme y presentar. Pero delante

de un grupo grande me puedo poner muy nervioso. He hablado de esto con mi manager y hemos decidido que es una de las cosas que debo trabajar para mejorar este año. Fui a una formación interna en presentaciones que me vino muy bien. Con un poco de paciencia, me empecé a sentir más cómodo. El mes pasado, incluso me ofrecí para representar a nuestro equipo ante un cliente. Solo tuve que hablar 10 minutos, lo hice y me dieron un muy buen feedback. De hecho, me lo pasé muy bien, así que quiero seguir buscando oportunidades para mejorar en esta área."

El miedo a hablar en público es algo muy común. En este ejemplo, el candidato deja claro que no tiene problemas para comunicarse en general (lo que sería alarmante), sino para hacerlo frente a un grupo grande de gente. A continuación, continúa describiendo cómo identificó la debilidad, habló con su encargado sobre el problema, y tomó medidas para mejorar. Incluso tiene un pequeño triunfo que contar al final.

Capítulo 8. ¿Dónde te ves dentro de cinco años?

¿Dónde te ves dentro de cinco años? Esta pregunta de entrevista no se hace para probar tus habilidades adivinatorias. Ningún entrevistador espera que los candidatos puedan describir exactamente qué harán en 1.820 días. De hecho, una respuesta veraz sobre lo que esperas hacer puede sabotear tus probabilidades de conseguir una oferta. Entonces, ¿por qué los entrevistadores insisten en hacer esta pregunta? Ante todo, el entrevistador quiere entender qué metas te has marcado en tu carrera: si tener éxito en este puesto es importante para ti como parte de tu estrategia a largo plazo, es mucho más probable que realices bien el trabajo.

Como es lógico, un reclutador quiere emplear a alguien que esté verdaderamente contento de conseguir el trabajo, alguien que lo ve como un gran paso para su carrera y trabajará incansablemente para hacer un buen trabajo. Pero, por otra parte, tu entrevistador no desea invertir tiempo y esfuerzo en alguien que está planeando irse por algo mejor tan pronto como surja la oportunidad más adelante, ya sea porque el trabajo encaja mejor con su perfil o porque quiere empezar su propio negocio.

Para contestar bien, el primer consejo es dejar claro tu interés por una carrera a largo plazo en la empresa, especialmente si en tu CV tienes trabajos que han durado poco. Tu entrevistador desea saber que quieres entrar y crecer con la empresa. Aunque cualquier cosa puede suceder en realidad (la compañía podría quebrar, podrían despedirte, o podrías marcharte tú por una oportunidad mejor), recuerda que la empresa va a invertir tiempo, energía y dinero en emplear y formar a alguien para este trabajo. Debes por lo menos demostrar una intención honesta de permanecer bastante tiempo como para ser una buena inversión.

Ejemplos prácticos

Ejemplo 1:

> *"Mi meta ahora es encontrar un puesto en una empresa donde pueda crecer y asumir nuevos retos con el tiempo. En última instancia, me gustaría asumir más responsabilidades de gestión e implicarme en la estrategia del producto. Pero lo más importante es que quiero trabajar para una empresa donde pueda hacer carrera."*

Esta respuesta nos deja ver las metas y los intereses del candidato (llegar a ser manager, involucrarse en la estrategia del producto) así que no es demasiado genérica. También expresa el deseo de hacer carrera a largo plazo con la empresa.

Ejemplo 2:

> *"Estoy centrado en ser el mejor en lo que hago y quiero trabajar en algún sitio donde tenga oportunidades de desarrollar mis habilidades, formar parte de proyectos interesantes, y trabajar con gente de la que pueda realmente aprender algo. Algunos de los profesionales más innovadores del sector trabajan aquí y esa es la razón por la que me gustaría hacer carrera en esta empresa".*

Con esta respuesta, el candidato expresa que su interés es aprender, rendir y lograr metas. También elogia a la empresa y destaca la reputación de la misma por contratar gente de calidad. La referencia a "hacer carrera aquí" indica un interés en quedarse en la empresa y contribuir a su desarrollo.

Si estás haciendo un cambio de carrera o este puesto no parece el más adecuado para ti, el entrevistador puede dudar de si realmente estás interesado y comprometido en este campo o solo quieres ganar algo de dinero hasta que surja algo mejor. Por ejemplo, digamos que recientemente te han despedido después de trabajar en el mundo académico durante cinco años y ahora te están entrevistando para un trabajo en biotecnología. Para que te consideren seriamente, necesitas poder explicar por qué te interesa tanto cambiar de trabajo y hacer carrera en biotecnología. No es bueno dar la impresión de que esto va a ser solamente una diversión temporal hasta que algo aparezca en tu verdadero campo de interés. Esto es también relevante para los recién licenciados. Si tu titulación o los puestos que has tenido en prácticas están en un área totalmente diferente, tendrás que explicar por qué quieres invertir los cinco años próximos en este nuevo campo.

Algunos errores frecuentes en las entrevistas consistirían en contestar de la siguiente forma:

- *"Bueno, es una pregunta muy dura. No sé lo que haré en 5 años, es difícil de decir."* Es bueno que te tomes la pregunta en serio, pero no te piden

143

exactitud en la respuesta. Utiliza tu respuesta para que el entrevistador sepa que estás interesado en seguir esta trayectoria de carrera.

- *"Quiero ser director de área en una firma importante, tener coche de empresa y un sueldo de €150.000 (además de acciones, por supuesto)."* La ambición es buena. Las metas son buenas. Sin embargo, si eres demasiado específico, corres el riesgo de decir metas que no son realistas en el trabajo disponible. Desde la perspectiva del entrevistador, eso significa que no encajas en el puesto.

- *"Me encantaría ser el CEO en cinco años. Pero, aun así, me gustaría poder hacer tours con mi grupo de música si nos va bien."* Resultarás excéntrico si parece que tienes un millón de ideas diferentes sobre lo que quieres hacer o si no tienes las ideas nada claras sobre tu futuro. En realidad, muchos buenos candidatos exploran opciones diferentes y no siempre tienen las cosas claras. Sin embargo, una entrevista de trabajo no es una sesión con tu psicólogo. Te interesa dar la impresión de que estás centrado y tienes un plan, aunque no sea el único plan que consideras.

- *"Bueno, no estoy seguro. Estoy pensando en estudiar derecho, empresariales o arte dramático."* Muchas de las personas que buscan trabajo tienen previsto, en el largo plazo, retomar los estudios o comenzar su propio negocio. Estas metas son admirables, pero no tienes la necesidad de compartirlas con tu entrevistador, especialmente si todavía no tienes claras tus posibilidades. Por supuesto, si ya estás comprometido y sabes que vas a estar en la universidad a tiempo completo o que vas a seguir otro camino que te impida realizar el trabajo, debes decir la verdad. Además, hay trayectorias de la carrera que requieren haber estudiado grados avanzados y/o tener formación adicional. Por ejemplo, muchos puestos en finanzas y consultoría requieren de un MBA. En estos casos, se espera que tu plan de cinco años requiera más tiempo de formación.

Capítulo 9. ¿Por qué deberíamos contratarte?

Es habitual que en muchas empresas terminen las entrevistas pidiéndote las razones por las que elegirte. O, dicho de otra forma, es común que te pregunten: ¿por qué eres el mejor candidato para el trabajo?, ¿por qué encajas perfectamente en este puesto?, ¿qué aportarás a este puesto? Como siempre, debes prepararte bien con antelación, especialmente porque esta pregunta suele sobrevenir cuando las fuerzas ya flaquean y la guardia está baja.

Una respuesta brillante debe incluir una combinación de lo siguiente: experiencia en la industria o sector; experiencia en la ejecución de ciertas tareas o responsabilidades; habilidades técnicas; habilidades interpersonales; principales logros; premios o galardones e hitos académicos. Las historias siempre son una buena apuesta, especialmente si puedes describir un logro clave (por ejemplo, una campaña exitosa de marketing) que evidencie una de las aptitudes buscadas (creatividad, orientación a los resultados).

Para comenzar, revisa la descripción del puesto, tu currículum y formúlate las siguientes preguntas: ¿cuáles son las aptitudes más importantes para este puesto desde la perspectiva de la empresa?, ¿en qué áreas realmente destaco?, ¿cuáles son mis logros más notables?, ¿qué me diferencia del típico candidato? Piensa en todas las ideas y anota todo lo que te venga a la mente. Luego, elige los 3-4 puntos claves y estructura tu "argumentario de venta". No escribas un guion para memorizar, simplemente recuerda los puntos claves que quieras transmitir junto a un ejemplo para darle contexto. Sé conciso y piensa realmente qué te diferencia de la competencia. Una vez que te sientas cómodo con los puntos sobre los que quieres llamar la atención, es el momento de practicar. De nuevo, no es buena idea memorizar un guion ya que puedes terminar sonando como un robot o sentirte aún más nervioso por la presión de recordar exactamente el texto. El mejor enfoque es captar los puntos claves, estudiarlos y luego practicar hasta que te sientas cómodo hablando de ellos espontáneamente. Tu respuesta debe ser un poco diferente cada vez, pero procurando cubrir siempre los puntos que quieras destacar.

Ejemplos prácticos

Ejemplo 1:

> *"Cumplo todos los requisitos del puesto por mi experiencia liderando proyectos de éxito para grandes compañías, mis habilidades sociales a la hora de desarrollar importantes relaciones con promotores, vendedores y directivos y, sobre todo, porque me apasiona este sector y quiero hacer historia y dejar huella".*

Muestra mucha confianza en sí mismo y es capaz de resumir de forma concisa cómo cumple con todo lo requerido. Aunque la respuesta es un poco general, se podría mejorar con algunos ejemplos (al describir un proyecto de éxito, nombrar una de esas grandes compañías, ofrecer ejemplos de esas importantes relaciones). Sin embargo, si asumimos que el candidato ya comentó algunos detalles de sus empleos anteriores, esta es una buena respuesta para reiterar y enfatizar. Ayuda al entrevistador a juntar las piezas. También me gusta la última frase: el entusiasmo, aun a riesgo de sonar inocente, es fundamental.

Ejemplo 2:

"Honestamente, siento que la descripción del empleo se ha escrito pensando en mí. Tengo los 6 años de experiencia en programación que están buscando, un historial de proyectos exitosos y experiencia comprobable en agilizar procesos de desarrollo. Al mismo tiempo, he desarrollado mis habilidades de comunicación trabajando directamente con ejecutivos de alto nivel, lo que significa que estoy bien preparado para trabajar en proyectos con un alto grado de complejidad. Puedo comenzar a aportar desde el primer día y estoy muy entusiasmado con la posibilidad de sumarme esta gran compañía".

Resumir aptitudes claves y demostrar que se es un gran candidato que cumple con los requisitos del puesto es un gran enfoque. Este candidato es muy probable que además haya ganado puntos adicionales con la frase "comenzar a aportar desde el primer día": no necesitará mucho entrenamiento o guía y eso es un atractivo para cualquier reclutador.

Ejemplo 3:

"Tengo la experiencia y la actitud para sobresalir en este puesto. Me avalan los casi dos años de experiencia de producción televisiva, incluyendo dos veranos en el

programa de deportes de La Sexta, donde trabajé con tanta dedicación el primer verano que me invitaron a volver al siguiente y me dieron mayores responsabilidades. Durante mi último año universitario en la Complutense, trabajé a media jornada para una compañía de producción, donde fui asistente pero también tuve la oportunidad de ayudar a editar varios episodios. Estoy entusiasmado por aprender y ganar experiencia con cualquier oportunidad que surja en la empresa".

Este candidato tiene buena experiencia en becas y en trabajos a media jornada, pero hace poco que acabó la carrera y no tiene ninguna experiencia a tiempo completo. En su respuesta realza la experiencia que tiene (y el hecho de que hizo un buen trabajo, por lo que la llamaron de nuevo para realizar otras prácticas, y que además tuvo la oportunidad de editar en su empleo a media jornada). También expresa su entusiasmo y disposición a hacer lo que sea, cualidades importantes para un principiante que posiblemente al inicio le toque el trabajo duro.

Entre los errores más habituales a la hora de contestar esta pregunta, se encuentra la falta de preparación: no trates de improvisar y practica. Tampoco es el momento de ser modesto: debes estar listo, dispuesto y capaz de hablar sobre qué es lo que te hace un gran candidato. Esto requiere cierta práctica si por naturaleza eres un poco tímido. Tampoco debes tener un exceso de confianza. Puedes usar tu propio estilo: si no te sientes cómodo haciendo juicios de valor sobre ti mismo (por ejemplo "soy el candidato perfecto"), te puedes ceñir a los hechos ("tengo diez años de experiencia, fui ascendido, batí el record de ventas, gané el premio, entregué el proyecto a tiempo y dentro del presupuesto, me felicitaron mi gerente/cliente, etc."). Otra forma de "venderte" con hechos es citar la opinión de otras personas. Cita a tu gerente, "mi gerente me dijo que nunca había conocido a alguien tan avanzado como yo en el manejo de Excel". También puedes hacer referencia a tu reputación general: "tengo la reputación de siempre cerrar los tratos" o "siempre termino mis proyectos antes de lo previsto".

Intenta agregar algo de personalidad a tu respuesta. No recites simplemente los puntos claves enumerados en la descripción del empleo. Piensa realmente en lo que te hace único y exprésalo a tu manera. Por último, recuerda la "ley" de respuestas en las preguntas de una entrevista: siempre debes limitar cada respuesta a una duración de 1-2 minutos (sin contar cualquier pregunta posterior o solicitud de mayor detalle). Si tratas de narrar completamente tu currículum al responder esta pregunta, el entrevistador posiblemente deje de prestar atención. Céntrate en tus características más atractivas. Recuerda que serás más creíble si te centras en algunos puntos fuertes y no tratas de alegar que eres un experto en todas las habilidades directivas imaginables.

¿Qué sucede si preparas un discurso perfecto y nunca te preguntan por qué eres el mejor candidato? Recuerda que un buen vendedor siempre consigue la manera de transmitir su discurso. Una estrategia es esperar una oportunidad al final de la entrevista, cuando el entrevistador te pregunte si tienes algo más que decir. Puedes conducir la conversación con una transición como: "solo quisiera decir que estoy muy interesado en este empleo y que pienso que sería un gran recurso para ejercer estas funciones porque...".

Capítulo 10. ¿Tienes alguna pregunta?

Una entrevista es una calle de doble sentido. Tu potencial jefe te hace preguntas para saber más de ti y de tus habilidades. Al mismo tiempo, necesitas preparar preguntas para formularle a él y estar seguro de que este es el trabajo ideal para ti. Además, si no preparas preguntas inteligentes, corres el riesgo de que el empleador asuma que no estás interesado o no estás preparado. La oportunidad de hacer preguntas llega normalmente al final de la entrevista. Debes preparar al menos dos preguntas que demuestren tu interés en el empleo, tu compromiso en sobresalir en el ejercicio de las funciones y el hecho de que hayas averiguado cosas interesantes investigando la empresa y el contexto donde opera.

Para dar con esas preguntas, anota los temas que quieras preguntar mientras realizas la investigación previa a la entrevista. Recuerda que las mejores preguntas son las que se centran en respuestas abiertas. En general, evita las preguntas cuya respuesta es "si" o "no" y las que por ser muy generales son difíciles de responder, pues no debes desconcertar a tu entrevistador cuando lo que intentas es dar una buena impresión y generar empatía. ¿Aún no sabes que preguntar? He aquí algunos ejemplos:

- *¿Me puedes decir algo más sobre las responsabilidades del día a día en el trabajo?* Esta es tu oportunidad para saber más cosas sobre las funciones para que puedas decidir si este es el trabajo que realmente quieres. Al aprender más sobre las labores del día a día, también obtendrás mayor perspectiva sobre las habilidades específicas y los puntos fuertes necesarios.

- *¿Cuáles crees que son las cualidades más importantes para que alguien sobresalga en este empleo?* Esta pregunta normalmente conduce a información valiosa que no está contenida en la descripción del empleo. Te puede ayudar a conocer más sobre la cultura de la compañía y las expectativas para que puedas demostrar que eres un buen candidato.

- *¿Cuáles son tus expectativas para este puesto durante los primeros 30 días, 60 días, año?* Fundamental de cara a entender la verdadera importancia y visibilidad del puesto dentro de la empresa.

- *Describe la cultura de la compañía. ¿Soy un buen encaje para esta empresa en particular?* Debes sentirte cómodo con la cultura y dinámica de la compañía.

- *¿A dónde crees que se dirige la empresa los próximos 5 años?* Si tienes planes de quedarte en ese puesto durante varios años, asegúrate de que la empresa está creciendo para que puedas crecer con ella.

- *¿Quién es tu competidor más importante, y por qué?* Ya deberías tener una idea sobre la competencia de la empresa, pero sería bueno preguntarle al entrevistador por su impresión al respecto.

Naturalmente, ellos serán capaces de darte una perspectiva que no conseguirás en ningún otro lugar.

• *¿Cuáles son las mayores oportunidades que encara la compañía/departamento en este momento?* Esta pregunta te puede ayudar a saber más sobre las perspectivas de la empresa para los siguientes meses.

• *¿Cuáles son los mayores retos que encara la empresa/departamento en este momento?* Muy importante de cara a descubrir tendencias y problemas en la industria y quizás identificar áreas donde tus habilidades pueden ser de gran ayuda.

• *¿Qué es lo que más te gusta de trabajar para esta empresa?* Pregúntale a tu entrevistador sobre su experiencia personal para tener una mejor idea sobre la cultura de la empresa.

• *¿Cuál es la trayectoria profesional típica para alguien en este puesto?* Esta pregunta te puede ayudar a comprender si la empresa promociona desde dentro, y cómo funcionan los ascensos dentro de la organización. Al hacer la pregunta, muestras interés en crecer junto con la empresa, pero ten cuidado de no decirlo en una forma que suene demasiado oportunista (por ejemplo, ¿cuándo puedo esperar un aumento y un ascenso?).

• *¿Cómo me equiparo con los otros candidatos que ha entrevistado para este puesto?* Esta elección es un poco arriesgada, ya que no quieres incomodar a tu entrevistador. Sin embargo, si se formula de forma natural, esta pregunta te puede ayudar a identificar si existe alguna duda respecto a tu candidatura de cara a despejarla en ese momento.

- *¿Cuáles son los siguientes pasos en el proceso de entrevistas?* Esta pregunta muestra que estás muy interesado en continuar con este proceso. También te ayuda a obtener información importante sobre los plazos para la contratación para que puedas realizar un seguimiento apropiado.

Por último, recuerda no preguntar aún sobre el salario o los beneficios y repasa el capítulo sobre la negociación de la compensación.

Parte VI. La entrevista por competencias

Con el auge de las empresas tecnológicas y el emprendimiento con que inauguramos el nuevo milenio, la experiencia profesional pasó a considerarse el mejor "predictor" o indicador de rendimiento a la hora de contratar a un trabajador. Por esta razón, se concibió el paradigma de la *behavioural interview* (ver Introducción).

Para bordar la entrevista por competencias, recuerda el enfoque STAR que ya comentamos. Comienza leyendo la descripción del puesto cuidadosamente y haz a continuación una lista con las 6 u 8 cualidades principales y/o habilidades requeridas. Por cada una de estas, piensa en ejemplos e historias que ilustren tus puntos fuertes y logros. Para construir estos ejemplos, selecciona uno que realmente muestre tus habilidades de liderazgo, preferentemente de los últimos 2 o 3 años, y no te conformes con algo genérico (por ejemplo, "yo era el líder de mi proyecto y todo fue muy bien durante el desarrollo del mismo"). Es aceptable remontarse más en el tiempo solo para hablar de una historia que sea particularmente impresionante o relevante. Adapta el ejemplo al tipo de habilidades de liderazgo requeridas para el trabajo en cuestión. A menudo, las capacidades de liderazgo deseadas aparecen muy destacadas en la descripción del trabajo: mientras que un cargo puede requerir gestionar un equipo grande, otro puede necesitar de alguien capaz de contribuir de forma individual. Asegúrate, por último, de que tu experiencia no solo te permitió destacar, sino que se tradujo en resultados tangibles y objetivos. Por tanto, evita respuestas del tipo "me considero un líder nato y siempre he buscado oportunidades de liderazgo estos años." Es aburrido y no responde a la pregunta. Evita también los ejemplos que puedan hacer saltar las alarmas. Por ejemplo, no hables sobre proyectos que hayan sido un completo fracaso. Ultimo consejo: las mejores historias incluyen muchos detalles para resultar creíbles y memorables. Al mismo tiempo, haz un esfuerzo por contar tu historia de forma concisa.

El enfoque STAR es un buen marco conceptual para construir estas historias. Como hemos visto, las letras ST representan la Situación/Tarea. La A representa la Acción, es decir, el enfoque. La R, la Resolución/los Resultados. Para contar historias bien, por tanto, hay que describir brevemente el problema o la situación, después hablar del enfoque adoptado para solucionarlo/tratarlo, y terminar poniendo en valor el resultado.

Es muy útil practicar estas historias con un amigo o frente a un espejo y sentirse cómodo al hablar del pasado de una manera natural, sin pecar de modestia, pero sin jactarse. En cualquier caso, no intentes aprenderte la historia palabra por palabra y anota simplemente los puntos clave. Si te hacen una pregunta que te deja sin palabras o que no has entendido del todo, es más que razonable detenerse brevemente y organizar tu respuesta, incluso pedir una aclaración si no estás seguro de lo que el entrevistador busca o si necesitas un poco más de tiempo para pensar. Igualmente, revelador resulta tener claro que no hay una única respuesta "correcta" a una pregunta *behavioural*, ya que el entrevistador solo está valorando el grado de encaje con el puesto en cuestión. No es raro encontrar situaciones donde las historias o ejemplos de un candidato no encajan para un cierto puesto pero la candidatura se recicla para otro puesto donde el *fit* es mucho mayor. Por último, no olvides abrirte y mostrar también aspectos de tu personalidad, ya que las empresas tienden lógicamente a contratar a los mejores, pero también a aquellos con los que sea agradable trabajar. Los siguientes capítulos muestran varios ejemplos de preguntas habituales y una descripción de cómo utilizar el formato STAR específicamente para la entrevista por competencias.

Capítulo 1. Dame un ejemplo de liderazgo y motivación en tu equipo

El primer ejemplo es un clásico de las entrevistas por competencias ya que como decíamos en la introducción su principal objetivo es dilucidar tu capacidad de liderazgo:

- Situación/tarea: *"Cuando estaba en la compañía Alpargata, pasamos por una fase de despidos. El equipo de cinco que permanecimos en el departamento tuvo que asumir las tareas de los dos compañeros que se marcharon, generando un exceso de trabajo. Como manager, mi trabajo consistió en que el rendimiento siguiera siendo el mismo"*. Con estos puntos, el candidato describe el desafío de forma sencilla. Tuvo que motivar a un equipo de gente en situación de estrés, en circunstancias adversas y con exceso de trabajo. Este escenario obviamente requiere de una habilidad de liderazgo muy fuerte. Ante todo, evita la tentación de entrar en demasiados detalles. No es necesario dar al entrevistador las razones de los despidos, o explicar cómo respondieron los miembros del equipo exactamente, o qué errores se cometieron concretamente.

- Acción/enfoque: *"Programé una reunión con el equipo completo para analizar estrategias. Comuniqué mi respeto por todo su trabajo durante un momento tan difícil para la empresa. Les pedí ayuda para identificar las maneras en que pudiéramos ser más eficientes, incluyéndome a mí. Dejé claro que se trataba de una reunión para reflexionar y recabar opiniones y opciones, recalcando que no hay idea estúpida y que el entorno era el apropiado para hacer sugerencias. Pasamos una hora anotando ideas en una pizarra y después votamos las cinco con más potencial, para luego asignar a cada persona la tarea de investigar más sobre cómo implementar una de las ideas".* Habla de las acciones clave que tomaste. Al contar una historia de liderazgo, cerciórate de que explicas bien cómo destacaste en mitad del desafío. ¿Qué acciones emprendiste y por qué? En esta respuesta, el candidato muestra un plan de acción organizado y deliberado, animando a la gente a solucionar el problema, abriéndose en busca de *feedback* y asegurándose de que todos se sintieran valorados y escuchados. Recuerda que dirigir un equipo, por grande que sea, no te convierte en un gran líder por defecto. Es importante elegir una historia que demuestre el verdadero liderazgo, consistente en guiar, motivar o tomar la iniciativa, idealmente en circunstancias adversas.

- Resultados: *"En primer lugar, el equipo respondió muy positivamente a este enfoque. Les gustó la idea de que se les tuviera en cuenta para encontrar una solución. En vez de quejarse, canalizaron su energía de una manera más productiva una vez que supieron que se les escucharía. Muy pronto se nos ocurrieron dos ideas que pudieran ponerse en marcha rápidamente y ahorrarnos mucho tiempo: una idea fue eliminar el informe semanal. Esto nos dejó 8 horas libres cada semana: dos horas de mi tiempo y tres horas del ejecutivo de cuentas. La otra idea fue entrenar a nuestra secretaria para que se responsabilizara de alguna de las tareas que sobrecargaban a nuestros ejecutivos de cuentas, lo que se tradujo en 2 horas más libres cada semana. Visto el éxito, decidimos incorporar la lluvia de ideas a nuestras reuniones de equipo de cada mes. Somos más eficientes ahora y la moral está más alta. Mi jefe incluso me pidió que le ayudara a trasladar este proceso a los otros departamentos de nuestra división"*.

Una entrevista STAR potente incluye siempre un final feliz que pueda ser descrito y ponderado con cifras concretas (por ejemplo, incrementar las ventas en un 12%, ahorrar a la organización 1.9 millones de euros). Los resultados más cualitativos (por ejemplo, mi cliente estaba encantado y nos volvió a contratar, a mi VP le encantó nuestro enfoque creativo y me ascendió) también pueden encajar bien en la historia, pero siempre supeditados al resultado numérico. La respuesta que da el candidato es un buen final feliz, ya que el candidato comenta varios resultados positivos como subir la moral al involucrar a los miembros del equipo, mejorar en eficacia y ahorrar más de 8 horas a la semana e impresionar al jefe tanto como para que quiera que otros departamentos sigan el mismo enfoque. En general, es bueno tener números específicos (ahorrar más de 8 horas por semana), pero los resultados anecdóticos son un complemento muy efectivo en este ejemplo. El hecho de que el jefe del candidato "robara" la idea para otros departamentos es un éxito real.

Capítulo 2. Dame un ejemplo de coordinación de un proyecto grande y complejo

Como segundo ejemplo, vamos a abordar una pregunta algo más compleja y bastante habitual en los procesos de selección. Si el primer ejemplo enfatizaba la condición de líder o pastor del rebaño, el siguiente caso se centra en la interacción y el roce personal cuando se trabaja bajo presión:

- Situación/tarea: *"En el Banco Nacional, nos estábamos preparando para dar a conocer nuestra nueva plataforma de trading online. Mi papel era organizar la comunicación a los clientes sobre el nuevo lanzamiento, lo que implicó la coordinación de docenas de personas de varias áreas: tecnología, operaciones, productos y servicios, atención al cliente y marketing. Este lanzamiento incluía un nuevo widget que los clientes realmente necesitaban y era muy importante hacerlo bien."* Este ejemplo describe de forma sencilla un proyecto complejo e importante sin salirse por la tangente ni entrar en los tecnicismos propios del producto. Recuerda que tu objetivo es dar una respuesta a la situación en un par de minutos para poder invertir más tiempo en las partes de acción y resultados.

- Acción/enfoque: *"Desafortunadamente, los desarrolladores tuvieron problemas técnicos con el nuevo widget, que era la pieza central del lanzamiento. Para cumplir con la fecha prevista, tuvieron que dar marcha atrás y ofrecer solamente una funcionalidad limitada. Sabíamos que algunos clientes estarían decepcionados. Mi trabajo consistió en recopilar el input de todos los que estaban involucrados en el nuevo proyecto con respecto a la manera de comunicar la situación a los clientes. Tuve que hacerlo rápidamente porque la decisión se tomó justo antes de la fecha de lanzamiento. Después de mucho ir y venir con los ingenieros y los trabajadores más veteranos de los departamentos de marketing, atención al cliente, y productos y servicios, redacté el borrador de aviso para los clientes. Acentué los aspectos positivos de la nueva funcionalidad, expliqué el retraso y presenté el cronograma para la puesta en marcha de la funcionalidad completa. También tuve que trabajar con el grupo para reunir rápidamente los puntos de los que hablar con los gestores de cuentas y revisar toda la formación y la documentación de ayuda."* Esta parte de la respuesta se centra en el trabajo en equipo y en cómo el candidato supo colaborar con otros grupos de trabajo, exhibiendo una buena dosis de diplomacia y siendo ambicioso con el límite de tiempo. No está de más hacer gala de tus capacidades analíticas incluso cuando la pregunta verse sobre aspectos más relacionados con el trabajo en grupo.

- Resultados: *"Pude obtener la aprobación de todas las partes interesadas en el plazo de 24 horas, un pequeño milagro que requirió de mucha persistencia y que nos permitió comunicarnos con los clientes 8 horas antes del lanzamiento. El 72% de los clientes recibieron las comunicaciones sobre el lanzamiento de manera positiva. Aunque un 19% quedaron decepcionados con la funcionalidad limitada, otros muchos quedaron satisfechos con las ventajas de la nueva versión. Nuestras comunicaciones les resultaron oportunas y claras.*

Recibí bastantes elogios de altos directivos de los departamentos de tecnología y atención al cliente, que le dijeron a mi jefe que había hecho una labor magnífica al mantenerlos a todos centrados en la atención al cliente y al cumplir los plazos ajustados. Mi superior quedó tan contento con mi actuación que me ascendieron de nivel por el resultado de mi trabajo en este proyecto, pasando a cobrar un 15% más." Cualquier historia interesante requiere de un final feliz y, en este sentido, el ascenso conseguido es una apuesta ganadora. A pesar de que el ejemplo es esencialmente "humano", el candidato ofrece cifras concretas, algo indispensable para que el entrevistador pueda valorar la magnitud del resultado conseguido. Invierte tiempo en seleccionar historias con un final impactante y nunca te conformes con un insulso "así que acabamos el proyecto y todo fue bien".

¿Qué hay que hacer si tu entrevistador da un giro inesperado en la pregunta sobre el trabajo en equipo e intenta saber cómo te comportaste con la gente más conflictiva o reacia al cambio? La pregunta sobre la "persona difícil" es bastante común. El ejemplo anterior con formato STAR se puede modificar fácilmente para que sirva como respuesta a la pregunta sobre la persona difícil. En la parte de acción/enfoque incorporaríamos lo siguiente: *"Desafortunadamente, tuve problemas para que me dieran feedback y para conseguir la aprobación final del responsable principal del equipo de tecnología. Sabía que él estaba ocupado preparando el lanzamiento, pero no parecía importarle la parte de la comunicación al cliente. Era un superior y podía esquivar mis llamadas y mis emails. Finalmente, tuve que presionar y decirle que la comunicación sería a las 9 de la mañana si no sabía nada de él antes de las 6 de la tarde. Era un farol porque sabía perfectamente que necesitaba la aprobación del departamento de tecnología, pero funcionó."* En cuanto a los resultados, podríamos matizar nuestra respuesta con los siguientes ajustes: *"Se sentó conmigo durante cinco minutos, me cambió algunos detalles y después me dio su aprobación. Más adelante, después de que su jefe nos elogiara a todos para un trabajo bien hecho en la comunicación con el cliente, mi contacto me agradeció haber sido persistente. Y a partir de ese momento, siempre me devolvió las llamadas."*

Capítulo 3. Dame un ejemplo de conflicto en tu equipo

El conflicto es otro de los temas recurrentes en estas entrevistas. Algunos de tus compañeros de trabajo, superiores y/o clientes podrían ser tontos, vagos y raros, así que seguro que surgen discrepancias. Para tener éxito en el trabajo, debes tratar el conflicto con profesionalidad. Esto es particularmente relevante en ciertos trabajos (gestión de proyectos, servicio al cliente, legal) y en ciertas culturas de empresa. Tu entrevistador quiere hacerse una idea sobre cómo responderás ante el conflicto, ya que cualquier persona puede parecer agradable en una entrevista de trabajo, pero, ¿qué sucederá cuando haya problemas contigo? Para ello, no es extraño que te pregunten por un proyecto de equipo en el que tuviste que trabajar con alguien difícil, una ocasión en la que tuviste un problema en el trabajo o un ejemplo de una vez en que tuviste que lidiar con un encargado, cliente o colega descontento. Frecuentemente, estas preguntas pueden cogerte con la guardia baja, ya que probablemente te habrás centrado en cómo hablar de todos los puntos positivos y maravillosos de tu currículum. Además, a nadie le gusta hablar de los problemas de trabajo y lo normal es que prefieras aparentar que es un placer absoluto trabajar contigo y que nunca te has metido en líos. Al igual que en el ejemplo anterior, es muy importante ser específico y evitar una respuesta general del tipo "me ocupo de conflictos todo el tiempo, sé estar calmado y he aprendido que la comunicación es la clave". No elijas tampoco un desacuerdo de poca importancia ("fulanito no quería ir a comer al restaurante argentino") o un conflicto resuelto por otra persona o que se solucionó sin acción directa.

Por último, evita ejemplos que puedan hacerte quedar mal y no hables sobre aquella vez en que un error tuyo causó un conflicto. Veamos el siguiente ejemplo:

- Situación/tarea: *"Estaba a cargo de la creación de nuestro nuevo folleto corporativo y teníamos un plazo muy apretado porque necesitábamos tener los folletos impresos para el Mobile World Congress. Yo me encargaba de entregar el trabajo a tiempo y de organizar a los equipos de marketing, ventas, diseño gráfico y producto. El diseñador del proyecto tenía mucho talento, pero desafortunadamente no cumplió con el plazo asignado. Cuando lo sospeché y fui a tratarlo con él, me lo confirmó."* Estos puntos dan testimonio de un verdadero conflicto que habría podido conducir al desastre de haberse gestionado mal. Es fundamental no gastar tiempo en detalles innecesarios y ser sucinto en la descripción de la situación.

- Acción/enfoque: Habla de las acciones claves que tomaste. En el caso de un incidente conflictivo, la atención debe dirigirse a cómo se resolvió el problema de una manera profesional y productiva. *"Su respuesta me sorprendió, pero mantuve la calma. Reconocí que los plazos eran ajustados y expliqué otra vez la importancia de tener el folleto listo para la presentación comercial. Se relajó un poco cuando vio que no lo atacaba. Me informó sobre los otros proyectos que estaba realizando y lo agobiado que estaba. Le pregunté si había alguna manera de ayudarle a encontrar una solución. Finalmente, pensamos que sería bueno que su superior comprendiera mejor lo importante que era este proyecto y el tiempo que se necesitaba para realizarlo. Decidimos que hablaríamos con ella juntos. Ella resolvió asignar algunos de sus proyectos a otro diseñador, lo que le quitó algo de presión a él."* En esta respuesta, el candidato explica las acciones tomadas, manteniéndose en todo momento tranquilo bajo presión, abordando la situación de cara y persuadiendo al diseñador y a su supervisor para que entiendan su punto de vista. Cíñete siempre a las acciones que sean más relevantes y que demuestren tu destreza para gestionar conflictos.

- Resultados: *"Gracias a mi forma de actuar, el diseñador pudo centrarse en el folleto y cumplir con los plazos. Se disculpó por no haberlo hecho bien al principio y me agradeció mi ayuda. Terminamos con éxito el folleto para la presentación comercial y recibimos numerosos elogios de nuestros propios representantes de ventas y de los clientes potenciales. Nuestra presencia en la presentación comercial se tradujo en 300.000 euros en nuevas oportunidades de ventas y creo que el folleto nuevo desempeñó un papel dominante en eso."* De nuevo, un final feliz y cuantificado en euros. Nunca olvides cerrar tu ejemplo con ambos ingredientes.

Capítulo 4. Dame un ejemplo de resultados inmediatos

La mayoría de los trabajos requieren de habilidades de resolución de problemas y generación de resultados inmediatos. Veamos un ejemplo:

- Situación/tarea: *"En mi papel como Director de Desarrollo de Negocio en X-Flight, era responsable de un equipo de cinco personas que tenía la tarea de organizar todos los eventos para clientes. Los eventos para clientes son clave para generar nuevo negocio y conservar el que tenemos. Desafortunadamente, notamos que la asistencia a los eventos había caído casi en un 15% de 2011 a 2012, al igual que la retención de clientes."* Como siempre recomiendo, descripción sucinta y problema concreto. También es muy efectivo hacer una breve descripción de la actividad de la empresa y del área de responsabilidad de tu equipo, ya que el responsable de recursos humanos que te entrevista generalmente no conocerá tu empresa anterior a menos que sea muy popular.

- Acción/enfoque: *"Cuando me senté a preparar el calendario de eventos de 2013, sabía que era crítico conseguir que la asistencia volviera a niveles de 2011. Me senté con los miembros de mi equipo y también me entrevisté con nuestros mejores comerciales. Tenía algunas ideas sobre por qué la asistencia había caído, pero quería analizar la situación desde todos los ángulos. Nuestros comerciales pensaban que podíamos utilizar mejor las redes sociales. También enviamos un cuestionario a los últimos invitados, y les preguntamos cómo mejorar. Todo el mundo coincidía en que debíamos incluir nuevos temas y ponentes, así como dar a conocer el contenido de los nuevos eventos con suficiente antelación. Con todo ello, creé un nuevo plan de marketing con especial foco en redes sociales, para lo que colaboramos con un consultor de cara a tener mayor visibilidad en LinkedIn y Twitter."* Lo bueno de este ejemplo es que nos da un resumen paso a paso de cómo el candidato analizó el problema y cómo abordó las soluciones. Deja claro que tomó la iniciativa para entender las causas del problema y que lo hizo teniendo en cuenta la opinión de sus clientes de forma relevante.

- Resultados: *"Vimos el impacto de nuestros cambios enseguida. Por una parte, la asistencia creció en más del 25% con respecto al año anterior. También vimos una mejora enorme en los cuestionarios de evaluación. En particular, a los asistentes les gustó mucho el nuevo componente de networking y más del 75% dijeron que sería muy probable que recomendaran el evento a un colega. Internamente, también nos dieron un feedback muy positivo y el CEO me seleccionó para que presentara una descripción del enfoque adoptado en una reunión del consejo de administración."* Esta respuesta es muy efectiva porque el candidato ofrece tres tipos de resultados distintos (incrementar asistencia, mejorar la evaluación del cliente, impresionar al CEO). Tener una métrica específica sobre la evaluación por parte del cliente y sobre el incremento de asistencia a los eventos es fundamental, pero los resultados anecdóticos son también buenos en este ejemplo: el reconocimiento por parte del CEO demuestra que el proyecto era importante y que los resultados fueron valorados por la compañía.

…y encuentra el trabajo que quieres

Capítulo 5. Háblame de tu fracaso profesional más grande

La pregunta más dura de la entrevista por competencias es, para muchos, la que podríamos formular como "cuéntame un fracaso", ya que se hace muy duro hablar en una entrevista de trabajo sobre las experiencias negativas cuando tu deber es intentar presentarte de la mejor manera. El difícil equilibrio entre ser sincero pero no demasiado cándido es la principal dificultad. En cualquier caso, conviene desterrar la creencia de que el entrevistador hace esta pregunta para torturar a los candidatos y buscar cualquier excusa para rechazarte. En el fondo, se trata de entender si eres alguien que pueda aprender de los fracasos, si asumes riesgos inteligentes o si eres lo bastante maduro para reconocer el fracaso y la debilidad.

La manera más habitual de expresar la pregunta es simple: "Háblame de una vez en la que hayas fracasado" o "Háblame de una decisión que lamentes haber tomado". El error más común es no contestar a la pregunta, ya que muchos candidatos titubean durante algún tiempo y finalmente dicen algo como: "Bueno, no se me ocurre ningún fracaso serio. Supongo que he tenido la suerte de tener bastante éxito en la mayor parte de mis cargos hasta ahora...". Aunque puede parecer que es una manera segura de contestar, desde la perspectiva del entrevistador no estás contestando a la pregunta en absoluto ya que podría pensarse que estás ocultando una historia de fracaso trágica que no quieres que se conozca, que nunca fracasas porque nunca te expones o que simplemente te crees perfecto y por tanto incapaz de crecer.

La otra manera más común de contestar mal a esta pregunta es soltar algo sin pensarlo bien. Algunos candidatos se ponen nerviosos y meten la pata directamente. Es fundamental que cada candidato prepare una historia sobre sus fracasos y que esta sea real. Nunca sueltes algo como: "Mejoramos las ventas al 35%, pero yo quería más, así que me sentí fracasado. Supongo que soy un perfeccionista." (Y te encojas de hombros con humildad).

Al mismo tiempo, no se trata de confesar tus secretos más profundos y oscuros. No elijas un fracaso que haya sido el resultado de un error personal serio (te olvidaste totalmente de asistir a la reunión) o un defecto de carácter (probablemente no debería haber llamado al cliente "guapito"). Por otra parte, un fracaso de equipo puede funcionar bien porque compartes la responsabilidad con los otros, pero cerciórate de reconocer tu parte humildemente y no pasar la pelota a los demás totalmente. En cualquier caso, selecciona una historia que se centre en la lección aprendida. Lo ideal sería que fueras capaz de señalar cómo has sabido aplicar tu conocimiento/habilidades duramente ganadas con éxito en un proyecto posterior. Veámoslo en otro ejemplo:

- Situación/tarea: *"Diría que mi fracaso profesional más grande fue en mi cargo actual como jefe de proyectos en McMattison. El año pasado, nuestro equipo no pudo conseguir un proyecto nuevo de 2 millones de dólares de uno de nuestros clientes habituales. El proyecto debería haber sido nuestro, pero lo dejamos pasar."* Lo mejor de esta respuesta es que este candidato se

173

responsabiliza de su fracaso y no intenta endulzarlo ni se comporta con agresividad.

- Acción/enfoque: *"Creo que el problema más grande fue que el equipo entero dio por sentado que el proyecto sería nuestro. Teníamos una buena relación con el cliente y acabábamos de terminar un proyecto muy acertado para ellos. Uno de nuestros equipos, conducido por el encargado de cuentas, se lanzó. Fue bien y nos dieron un buen feedback. Pero en retrospectiva, no llegamos a asombrarlos. No nos implicamos lo suficiente. Eso creó la oportunidad de que un competidor hiciera una buena oferta y se llevara el negocio. Al mismo tiempo, fallamos a la hora de entender de verdad las preocupaciones clave del cliente. Nos dijeron que el precio era la consideración número uno, así que nos centramos en demostrar la rentabilidad. Entonces, un vicepresidente senior se unió al proyecto y ahora me doy cuenta de que su prioridad era escoger a su propio vendedor y que nos veía como la elección de su precursor. Como la persona que trabaja con el equipo del cliente a diario, debería haberme dado cuenta de eso y encontrar una manera de tratar el asunto."* El candidato ofrece una descripción bastante profunda de lo que sucedió, con muchos detalles a tener en cuenta para una comprensión completa del resultado sin irse por las ramas. Además, el candidato asume la responsabilidad de lo sucedido sin crear alarmas sobre su profesionalidad.

- Resultados: En una historia de fracaso, el final feliz implica un giro. Por definición, un fracaso no es un resultado positivo. El resultado positivo viene más adelante y se centra en haber aprendido la lección y llegar a ser mejor/más fuerte/más inteligente. *"Perder el negocio fue un verdadero golpe para la empresa. Me ofrecí voluntariamente a analizar lo sucedido y ver realmente lo que podíamos aprender. Aprendimos a no dar por sentado que teníamos al cliente. Tuvimos que repensar todas nuestras presentaciones. Y puedo decir con honestidad que lo hemos hecho desde entonces, lo que nos ha conducido a un año récord en nuestro grupo. Personalmente, aprendí que necesito prestar más atención a la dinámica dentro de la organización del cliente y leer más entre líneas. Como gestor de proyectos, las ventas no son la parte principal de mi trabajo. Sin embargo, al establecer contacto diario con la organización del cliente, hay mucho que puedo hacer para ayudar a la empresa a generar nuevo negocio. Decidí hacer un curso de ventas para desarrollar mis habilidades y me he dado cuenta de que ahora realmente disfruto de estar implicado en el proceso de desarrollo de negocio. De hecho, decidí seguir en contacto con mi cliente del proyecto perdido y continué consolidando esa relación. Tiempo después, cuando ese contacto buscó una alternativa, nos planteó un proyecto incluso más grande que el que habíamos perdido."* He aquí un buen ejemplo de cómo el candidato analiza lo que fue mal y lo que aprendió de la experiencia. Lo analiza desde el punto de vista de la organización, del equipo y de las perspectivas individuales. Demuestra que aprendió bien la lección al contar el éxito del siguiente proyecto. Asume la responsabilidad sin parecer negativo o estar a la defensiva. Se centra más en lo aprendido que en el fracaso.

Conclusiones

A continuación expongo los principales consejos y errores más habituales en las entrevistas, no sin antes recordar que el autor puede ser contactado en la dirección de email prietodelrio@icloud.com , donde estará encantado de resolver tus dudas y preguntas.

Capítulo 1. Mejores prácticas

Nunca mientas en una entrevista de trabajo

Sin tener que pregonar tus puntos débiles, este libro te debe haber enseñado a enfrentarte a preguntas difíciles, a replantear los aspectos negativos y a acentuar los aspectos positivos. Nunca mientas: los entrevistadores son buenos olfateando incoherencias y las mentiras probablemente saldrán a la luz.

Responde siempre a la pregunta

Está bien usar también una pregunta como oportunidad para traer a colación o reforzar un punto. Sin embargo, evitar una pregunta puede despertar sospechas de que estás intentando ocultar algo.

La personalidad importa…

…pero no todo el mundo está buscando un conversador brillante. La química es clave en un entorno de equipo y se prestará atención a la forma en que es probable que encajes con los demás. Si te preguntan por aspectos personales, elije compartir ejemplos que sean interesantes y demuestren cualidades positivas que se pueden aplicar al trabajar. Por ejemplo, tu amor por los viajes muestra que eres aventurero y adaptable. Tu trabajo en una asociación con fines caritativos demuestra una naturaleza reflexiva y una capacidad de realizar varias tareas. Tu afición por coleccionar figuritas de porcelana, mejor no contarla.

No tengas miedo de hablar y preguntar…

…pero sé conciso. No divagues. No hables más de dos minutos en una sola respuesta a menos que se te solicite más información. Al mismo tiempo, muestra entusiasmo por el trabajo y la empresa. Ellos quieren que seas tan inquisitivo como ellos lo son contigo. Hacer preguntas siempre es una ventaja, siempre y cuando sean profesionales y relevantes.

Céntrate en lo que tú puedes hacer por la empresa…

…no en lo que ellos pueden hacer por ti. Tú quieres sobresalir en el puesto, asumir nuevos retos y crecer con la empresa. Quieres contribuir, trabajar duro y hacer el trabajo de tu entrevistador más fácil. Puedes preguntar por las vacaciones, comisiones y tipo de vestimenta después de que te hagan una oferta.

Prepárate buenos ejemplos

Cuenta historias sobre tu experiencia en los trabajos que has tenido, pero haz que sean cortas y concisas. La preparación te ayudará a ajustarlas y perfeccionarlas. Practica, pero no memorices las respuestas palabra por palabra. Piensa en cómo el trabajo que estás buscando está relacionado con el ejemplo que estás compartiendo, la historia que estás contando. Si te preguntan por errores o fracasos, posiciona tu respuesta de manera que trasmitas cómo aprendiste y creciste con la experiencia y cómo nunca volverás a cometer un error similar.

Equilibra el "yo" con el "nosotros"

Los entrevistadores deben saber que puedes trabajar bien en equipo, pero también estarán interesados en tus contribuciones individuales. En otras palabras, "yo" fui capaz de hacer esto y esto ayudó al equipo, o "nosotros", a lograr el éxito. Como gerente atribuyéndose historias de éxito, reconoce a los miembros del equipo por sus puntos fuertes, pero acentúa cómo fuiste capaz de aprovecharlos y ponerlos en uso efectivo.

Capítulo 2. Errores más habituales

No llegar a tiempo o llegar muy pronto

Siempre debes llegar a una entrevista de trabajo a tiempo. Llegar tarde sugiere que no eres de fiar, que eres desorganizado o irrespetuoso, posiblemente las tres cosas. Llegar unos minutos antes está bien, pero llegar más de 20 minutos antes puede ser señal de que eres inseguro o estás desesperado.

No investigar lo suficiente

Si tienes que preguntar lo que hace la empresa, probablemente ya has perdido el trabajo. La información está fácilmente disponible y si no te has molestado en llevar a cabo una búsqueda en Google, entonces es probable que no merezcas el puesto.

No ser claro o conciso

La indecisión a la hora de responder a las preguntas desanimará a tu entrevistador, y si no tienes ninguna historia que contar sobre tu vida y triunfos profesionales, debes sentarte y pensar en alguna ahora mismo. Tener demasiado que decir puede ser igual de malo. Puedes impresionar al entrevistador contándole que fuiste a la universidad con una beca de deportes, pero no necesitas dar una descripción detallada de tu carrera universitaria o de la cirugía de rodilla que acabó con tu carrera como deportista. Despierta su interés, pero permite que haya un poco de misterio. No te detengas en temas triviales porque eso te trivializa.

No tener tacto

No hables mal de tus actuales o antiguos jefes, incluso si eran terribles gerentes y seres humanos. Encuentra una manera de mantener una actitud positiva.

No caigas en lugares comunes

Alardear de tus habilidades personales o de ser una persona sociable es más bien un cliché. Es conveniente incluir habilidades personales como parte de tu repertorio, pero hacer énfasis en lo mucho que aprecias a las personas puede parecer poca cosa. Todos tenemos que trabajar con otros, con la excepción de ciertos ermitaños que viven solos en lugares remotos. Piensa en cómo proporcionar información más específica sobre los tipos de habilidades que posees: orientación, comunicación, motivación, colaboración. Lo mismo se puede decir si hablas sobre lo buen trabajador que eres y cómo rutinariamente trabajas muchas horas. ¿Podría eso significar que eres lento y no puedes mantenerte al día con tus demandas de trabajo? Trabajar mucho no es ningún mérito. Finalmente, si tu ética de trabajo es verdaderamente un punto fuerte que te diferencia, asegúrate de que tienes una historia que contar en la entrevista sobre una ocasión en la que fuiste más allá de tu deber.

***

Made in the USA
Las Vegas, NV
12 February 2022

43794096R00106